학습 플래너와 함께

영어 왕초보 탈출하세요

_____의 해커스톡 왕초보 영어회화 10분의 기적 기초패턴으로 말하기 학습 플래너

나의 목표와 다짐을 적어보세요.

나는 _____을 하기 위해

_____년 _____월 _____일까지 이 책을 끝낸다!

나의 학습 플랜을 정하세요.

☐ 20일 완성 (하루에 Day 5개씩)
☐ 50일 완성 (하루에 Day 2개씩)
☐ 100일 완성 (하루에 Day 1개씩)
☐ ____일 완성 (하루에 Day___개씩)

학습을 마친 Day 번호를 체크해 보세요.

1	2	3	4	5	6	7	8	9	10	11	12	13	14	15	16	17	18	19	20
21	22	23	24	25	26	27	28	29	30	31	32	33	34	35	36	37	38	39	40
41	42	43	44	45	46	47	48	49	50	51	52	53	54	55	56	57	58	59	60
61	62	63	64	65	66	67	68	69	70	71	72	73	74	75	76	77	78	79	80
81	82	83	84	85	86	87	88	89	90	91	92	93	94	95	96	97	98	99	100

영어회화 공부하는 하루 10분이 더 재밌어지는
해커스톡의 추가 자료 8종

 본 교재 무료 해설강의
(팟캐스트 강의 & 해설강의 MP3)

 모바일 스피킹 훈련 프로그램

 예문 & 대화문 MP3

 10분 스피킹 핸드북

 매일 영어회화 표현

 오늘의 영어 10문장

 스피킹 레벨테스트

 데일리 무료 복습 콘텐츠

 ## 이렇게 이용해보세요!

팟캐스트 강의는
① 팟빵 사이트(www.Podbbang.com)나 팟빵 어플 혹은 아이폰 Podcast 어플에서 '해커스톡' 검색
② 유튜브 사이트(www.youtube.com)나 유튜브 어플에서 '해커스톡' 검색
③ 네이버TV 사이트(tv.naver.com)나 네이버TV 어플에서 '해커스톡' 검색
④ 네이버 오디오클립 사이트(audioclip.naver.com)나 오디오클립 어플에서 '해커스톡' 검색
⑤ 해커스영어(Hackers.co.kr) 사이트 접속 → 기초영어/회화 탭 → 무료 영어컨텐츠 → 영어회화 10분의 기적 | 팟캐스트

유튜브 무료 해설강의는
유튜브 사이트(www.youtube.com)나 유튜브 어플에서 '해커스톡' 검색

모바일 스피킹 훈련 프로그램은
책의 각 Day에 있는 QR 코드 찍기

교재 해설강의 MP3, 예문 & 대화문 MP3는
해커스톡(HackersTalk.co.kr) 접속 후 로그인 ▶ 상단의 [무료강의/자료 → 무료 자료/MP3] 클릭

10분 스피킹 핸드북은
본책 안에 수록된 핸드북 보기

매일 영어회화 표현, 오늘의 영어 10문장은
'해커스 ONE' 어플 설치 후 로그인 ▶ [무료학습] ▶ 상단의 [오늘의 영어 10문장] 혹은 [매일 영어회화 학습]에서 이용

스피킹 레벨테스트는
해커스톡(HackersTalk.co.kr) 접속 ▶ 상단의 [무료 레벨테스트] 클릭

데일리 무료 복습 콘텐츠는
'밴드' 어플 설치 ▶ 밴드에서 '해커스톡' 검색 후 접속 ▶ 매일 올라오는 무료 복습 콘텐츠 학습

해커스톡

왕 / 초 / 보

영어회화 10분의 기적

기초패턴으로 말하기

왕초보영어 탈출
해커스톡

영어회화가 가능해지는
교재 학습법

스마트폰으로 **QR 코드**를 찍으면,
스텝별로 미국인의 음성을 함께 들으며
스마트한 학습이 가능해요.
기초패턴에 대한 무료 강의도 제공되니 놓치지 마세요!

Day 1

지금 어떤 일을 하고 있다고 말할 때 쓰는 만능 패턴

I'm on ~
나 ~하는 중이야

내가 지금 어떤 일을 하고 있다고 말할 때 쓰는 패턴이에요. 이때 on은 '~하는 중이'라는 뜻이에요. I'm on 패턴 뒤에 지금 하고 있는 일을 넣어 말해보세요.

무료 강의 및
MP3 바로 듣기

St
I'
패턴으로 미국인이 많이 쓰는 TOP 4 문장 따라 하며 말해보기

Q **I'm on it.**
나 그것을 하는 중이야.
사용빈도
약 28,590,000회

Q **I'm on a diet.**
나 다이어트하는 중이야.
사용빈도
약 1,494,000회

Q **I'm on a break.**
나 쉬는 중이야.
사용빈도
약 11,017,300회

Q **I'm on my way.**
나 가는 중이야.
사용빈도
약 14,198,000회

이런 말도 할 수 있어요.

I'm on [   ].
　　　　a trip 여행
　　　　a date 데이트

break [브레이크] 휴식

S
이 그림만 보고 **I'm on** 패턴으로 문장 말해보기

나 그것을 하는 중이야.　　　　🎤 **I'm on it.**

나 다이어트하는 중이야.　　　　🎤

나 쉬는 중이야.　　　　🎤

나 가는 중이야.　　　　🎤

나 여행하는 중이야.　　　　🎤

S
패턴이 들어간 실제 대화 따라 하며 말해보기

<블랙 리스트>에서
지금 가고 있다고 말할 때

Bobby　Where are you?
　　　　너 어디에 있어?

　　　　I'm on my way.
　　　　나 가는 중이야.

Zoe　I'm in Brooklyn.
　　　　나 브루클린에 있어.

각 문장이
실제로 얼마나 많이 사용되는지
Google 검색 결과로
확인해 보세요.

※ 교재에서 제공하는 사용빈도는
Google에 업데이트되는 내용에
따라 변동될 수 있습니다.

만능 기초패턴이 들어간
영화와 드라마 속 실제 대화를
확인해 보세요!

🕐 **권장 학습시간: 3-4분**

Step 1: 문장 따라 하며 말해보기

만능 기초패턴을 활용한 **미국인이 많이 쓰는 TOP 4 문장**을 따라 하며 말해보세요. **이런 말도 할 수 있어요**에 제공된 유용한 표현을 만능 기초패턴과 함께 활용해 추가 문장도 연습해 보세요.

스마트폰으로 QR코드를 찍어서 문장을 들으며 따라 말해보세요.

🕐 **권장 학습시간: 2-3분**

Step 2: 우리말만 보고 영어 문장 말해보기

앞에서 연습한 미국인이 많이 쓰는 TOP 4와 추가 문장을 **우리말만 보고** 만능 기초패턴을 활용해 말해보세요.

스마트폰으로 QR코드를 찍으면 음성을 들으며 문장을 말해보고, 정답을 확인해 볼 수 있어요.

🕐 **권장 학습시간: 2-3분**

Step 3: 실제 대화 따라 하며 말해보기

만능 기초패턴이 사용된 실제 대화를 따라 하며 말해보세요.

스마트폰으로 QR코드를 찍어서 대화를 들으며 따라 말해보세요.
다시 듣고 싶은 대화를 들어볼 수도 있어요.

언제 어디서나 간편하고 쉽게
기초패턴으로 말하기 연습하기

미국인이 많이 쓰는 TOP 4 문장으로 구성된
<10분 스피킹 핸드북>을 이용해 언제 어디서나
간편하고 쉽게 기초패턴으로 말하기를 연습해 보세요.

미국인이 가장 많이 쓰는
만능 기초패턴 100

미국인이 가장 많이 쓰는 만능 기초패턴 100

미국인이 가장 많이 쓰는 만능 기초패턴 100

미국인이 가장 많이 쓰는 만능 기초패턴 100

표현이 더 풍부해지는 추가 패턴

쉽고! 가볍게! "10분 스피킹 핸드북"
100개의 만능 기초패턴과 모든 예문을 언제 어디서나 휴대하며 연습할 수 있어요.

생생하고! 스마트하게! "해커스톡 어플"
각 Day별로 제공되는 무료강의와 함께, 실제 미국인이 말해주는 예문과 대화문을 스텝별로 따라 하며 학습할 수 있어요. QR 코드를 통해 접속해보세요.

I'm 패턴

Day 1
지금 어떤 일을 하고 있다고 말할 때 쓰는 만능 패턴
I'm on ~ 나 ~하는 중이야

Day 2
어떤 대상이나 상황이 두렵다고 말할 때 쓰는 만능 패턴
I'm afraid of ~ 나는 ~이 두려워

Day 3
어떤 일을 막 하려던 참이라고 말할 때 쓰는 만능 패턴
I'm about to ~ 막 ~하려던 참이야

Day 4
어떤 일을 하러 왔는지 말할 때 쓰는 만능 패턴
I'm here to ~ 나 여기 ~하러 왔어

Day 5
어떤 일을 하러 온 것이 아니라고 말할 때 쓰는 만능 패턴
I'm not here to ~ 나 여기 ~하러 온 게 아니야

Day 6
어떤 일을 할 준비가 됐다고 말할 때 쓰는 만능 패턴
I'm ready to ~ 나 ~할 준비 됐어

Day 7
어떤 일에 대해 사과하거나 유감이라고 말할 때 쓰는 만능 패턴
I'm sorry ~ ~해서 미안해 / ~라니 유감이야

Day 8
무언가가 걱정된다고 말할 때 쓰는 만능 패턴
I'm worried about ~ 나 ~가 걱정돼

Day 9
관심 있는 대상에 대해 말할 때 쓰는 만능 패턴
I'm interested in ~ 나 ~에 관심 있어

지금 어떤 일을 하고 있다고 말할 때 쓰는 만능 패턴

I'm on ~

나 ~하는 중이야

내가 지금 어떤 일을 하고 있다고 말할 때 쓰는 패턴이에요. 이때 on은 '~하는 중인'이라는 뜻이에요. I'm on 패턴 뒤에 지금 하고 있는 일을 넣어 말해 보세요.

무료 강의 및
MP3 바로 듣기

Step 1
I'm on 패턴으로 미국인이 많이 쓰는 TOP 4 문장 따라 하며 말해보기

🔍 **I'm on it.**
나 그것을 하는 중이야.
사용빈도
약 28,590,000회

🔍 **I'm on a diet.**
나 다이어트하는 중이야.
사용빈도
약 1,494,000회

🔍 **I'm on a break.**
나 쉬는 중이야.
사용빈도
약 11,017,300회

🔍 **I'm on my way.**
나 가는 중이야.

'나는 길 위에 있는 중이다'라는 뜻으로 지금 목적지로 가고 있음을 알려줄 때 써요.

사용빈도
약 14,188,000회

💬 이런 말도 할 수 있어요.

I'm on ⬚.
→ **a trip** 여행
a date 데이트

break [브레이크] 쉼, 휴식

Step 2

이번에는 우리말만 보고 **I'm on** 패턴으로 문장 말해보기

나 그것을 하는 중이야.	🎤 **I'm on** it.

나 다이어트하는 중이야.	🎤

나 쉬는 중이야.	🎤

나 가는 중이야.	🎤

나 여행하는 중이야.	🎤

Step 3

I'm on 패턴이 들어간 실제 대화 따라 하며 말해보기

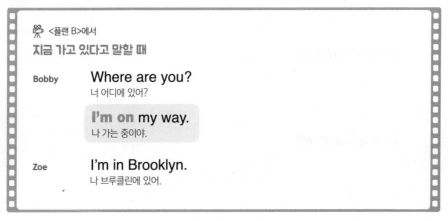

🎬 <플랜 B>에서

지금 가고 있다고 말할 때

Bobby　　Where are you?
　　　　　너 어디에 있어?

　　　　　I'm on my way.
　　　　　나 가는 중이야.

Zoe　　　I'm in Brooklyn.
　　　　　나 브루클린에 있어.

어떤 대상이나 상황이 두렵다고 말할 때 쓰는 만능 패턴

I'm afraid of ~

나는 ~이 두려워

두려워서 피하고 싶은 대상이나 상황을 말할 때 쓰는 패턴이에요. afraid of 는 '~을 두려워하는'이라는 의미예요. I'm afraid of 패턴 뒤에 두려운 대상이나 상황을 넣어 말해보세요.

무료 강의 및
MP3 바로 듣기

Step 1
I'm afraid of 패턴으로 미국인이 많이 쓰는 TOP 4 문장 따라 하며 말해보기

🔍 **I'm afraid of** you.
나는 네가 두려워.

사용빈도
약 5,620,000회 ↖

🔍 **I'm afraid of** heights.
나는 높은 곳이 두려워.

사용빈도
약 283,100회 ↖

🔍 **I'm afraid of** the dark.
나는 어둠이 두려워.

사용빈도
약 2,294,000회 ↖

🔍 **I'm afraid of** everything.
나는 모든 것이 두려워.

사용빈도
약 825,500회 ↖

💬 이런 말도 할 수 있어요.

I'm afraid of _____.

↳ **bugs** 벌레
being alone 혼자인 것

heights [하이츠] 높은 곳 **dark** [다크] 어둠 **alone** [얼론] 혼자

Step 2
이번에는 우리말만 보고 **I'm afraid of** 패턴으로 문장 말해보기

| 나는 네가 두려워. | 🎤 **I'm afraid of** you. |

| 나는 높은 곳이 두려워. | 🎤 |

| 나는 어둠이 두려워. | 🎤 |

| 나는 모든 것이 두려워. | 🎤 |

| 나는 벌레가 두려워. | 🎤 |

Step 3
I'm afraid of 패턴이 들어간 실제 대화 따라 하며 말해보기

💬 높은 곳으로 오라는 사람에게

높은 곳이 두렵다고 말할 때

Jenny **Come here!**
이쪽으로 와봐!

Kevin **No, I can't.**
안돼, 나 못 가.

I'm afraid of heights.
나는 높은 곳이 두려워.

어떤 일을 막 하려던 참이라고 말할 때 쓰는 만능 패턴

I'm about to ~

막 ~하려던 참이야

아직 하지 않았지만, 지금 막 어떤 일을 하려던 참이라고 말할 때 쓰는 패턴이에요. about to는 '막 ~하려고 하는'이라는 의미예요. I'm about to 패턴 뒤에 지금 막 하려던 일을 넣어 말해보세요.

무료 강의 및
MP3 바로 듣기

Step 1
I'm about to 패턴으로 미국인이 많이 쓰는 TOP 4 문장 따라 하며 말해보기

Q **I'm about to leave.**
막 떠나려던 참이야.

사용빈도
약 5,810,000회

Q **I'm about to tell you.**
막 너에게 얘기하려던 참이야.

사용빈도
약 4,663,000회

Q **I'm about to go home.**
막 집에 가려던 참이야.

사용빈도
약 589,000회

Q **I'm about to watch a movie.**
막 영화를 보려던 참이야.

사용빈도
약 864,400회

이런 말도 할 수 있어요.

I'm about to [＿＿＿＿＿＿＿＿].

↳ **call her** 그녀에게 전화하다
fall asleep 잠이 들다

---

leave [리브] 떠나다 **fall asleep** 잠들다

Step 2

이번에는 우리말만 보고 **I'm about to** 패턴으로 문장 말해보기

막 떠나려던 참이야.	🎤 **I'm about to** leave.
막 너에게 얘기하려던 참이야.	🎤
막 집에 가려던 참이야.	🎤
막 영화를 보려던 참이야.	🎤
막 그녀에게 전화하려던 참이야.	🎤

Step 3

I'm about to 패턴이 들어간 실제 대화 따라 하며 말해보기

💬 무엇이 잘못됐는지 추궁하는 사람에게

막 얘기하려던 참이라고 말할 때

Jenny　　**What's wrong?**
무엇이 잘못됐어?

Kevin　　**Please calm down.**
제발 진정해.

I'm about to tell you.
막 너에게 얘기하려던 참이야.

어떤 일을 하러 왔는지 말할 때 쓰는 만능 패턴

I'm here to ~

나 여기 ~하러 왔어

어떤 장소에 무엇을 하러 왔는지 그 목적을 말할 때 쓰는 패턴이에요. 여기서 to는 '~하기 위해'라는 의미예요. I'm here to 패턴 뒤에 이 장소에 온 목적이나 이유를 넣어 말해보세요.

무료 강의 및
MP3 바로 듣기

 Step 1
I'm here to 패턴으로 미국인이 많이 쓰는 TOP 4 문장 따라 하며 말해보기

🔍 **I'm here to help.**
나 여기 도와주러 왔어.

사용빈도
약 22,400,000회 ↖

🔍 **I'm here to work.**
나 여기 일하러 왔어.

사용빈도
약 11,158,000회 ↖

🔍 **I'm here to see you.**
나 여기 너를 보러 왔어.

사용빈도
약 5,728,000회 ↖

🔍 **I'm here to talk to you.**
나 여기 너와 얘기하러 왔어.

사용빈도
약 4,554,000회 ↖

💬 이런 말도 할 수 있어요.

I'm here to ⬜⬜⬜⬜⬜ .
↳ **work out** 운동하다
say hello 인사하다

work out 운동하다

Step 2

이번에는 우리말만 보고 **I'm here to** 패턴으로 문장 말해보기

| 나 여기 도와주러 왔어. | 🎤 **I'm here to** help. |

| 나 여기 일하러 왔어. | 🎤 |

| 나 여기 너를 보러 왔어. | 🎤 |

| 나 여기 너와 얘기하러 왔어. | 🎤 |

| 나 여기 운동하러 왔어. | 🎤 |

Step 3

I'm here to 패턴이 들어간 실제 대화 따라 하며 말해보기

🎬 <아이언맨>에서

당신과 얘기하러 왔다고 말할 때

Tony
Who are you?
당신 누구야?

Nick
Nick Fury.
닉 퓨리라고 합니다.

I'm here to talk to you.
나 여기 당신과 얘기하러 왔어요.

어떤 일을 하러 온 것이 아니라고 말할 때 쓰는 만능 패턴

I'm not here to ~
나 여기 ~하러 온 게 아니야

어떤 장소에 무언가를 하러 온 게 아니라고 말할 때 쓰는 패턴이에요. I'm here to 패턴에 not만 붙이면 어떤 일을 하러 온 게 아니라는 의미가 돼요. I'm not here to 패턴 뒤에 하러 온 것이 아닌 일을 넣어 말해보세요.

무료 강의 및
MP3 바로 듣기

Step 1
I'm not here to 패턴으로 미국인이 많이 쓰는 TOP 4 문장 따라 하며 말해보기

Q **I'm not here to fight.**
나 여기 싸우러 온 게 아니야.

사용빈도
약 1,215,400회

Q **I'm not here to compete.**
나 여기 경쟁하러 온 게 아니야.

사용빈도
약 349,400회

Q **I'm not here to judge you.**
나 여기 너를 비난하러 온 게 아니야.

사용빈도
약 88,070회

Q **I'm not here to say I'm sorry.**
나 여기 미안하다고 말하러 온 게 아니야.

사용빈도
약 436,400회

> 내가 사과하려 왔다고 상대가 착각했거나, 착각할까 봐 걱정될 때 써요.

💬 이런 말도 할 수 있어요.

I'm not here to ☐ .

↳ **push you** 너를 재촉하다
argue with you 너와 말다툼하다

---

compete [컴피트] 경쟁하다   judge [저쥐] 비난하다, 판단하다   push [푸쉬] 재촉하다, 밀다   argue [알규] 말다툼하다

Step 2
이번에는 우리말만 보고 **I'm not here to** 패턴으로 문장 말해보기

나 여기 싸우러 온 게 아니야.　　　🎤 **I'm not here to** fight.

나 여기 경쟁하러 온 게 아니야.　　🎤

나 여기 너를 비난하러 온 게 아니야.　🎤

나 여기 미안하다고 말하러 온 게 아니야.　🎤

나 여기 너를 재촉하러 온 게 아니야.　🎤

Step 3
I'm not here to 패턴이 들어간 실제 대화 따라 하며 말해보기

💬 잘못에 대해 미안해하는 사람에게
너를 비난하러 온 것이 아니라고 말할 때

Kevin　　I'm sorry. It's my fault.
　　　　　내가 미안해. 내 잘못이야.

Jenny　　It's all right.
　　　　　괜찮아.

　　　　　I'm not here to judge you.
　　　　　나 여기 너를 비난하러 온 게 아니야.

어떤 일을 할 준비가 됐다고 말할 때 쓰는 만능 패턴

I'm ready to ~
나 ~할 준비 됐어

지금 어떤 일을 할 준비가 됐다고 말할 때 쓰는 패턴이에요. 이때 ready to
는 '~할 준비가 된'이라는 의미예요. I'm ready to 패턴 뒤에 할 준비가 된 일
을 넣어 말해보세요.

무료 강의 및
MP3 바로 듣기

 Step 1
I'm ready to 패턴으로 미국인이 많이 쓰는 TOP 4 문장 따라 하며 말해보기

Q **I'm ready to go.**
나 갈 준비 됐어.

사용빈도
약 16,391,000회

Q **I'm ready to start.**
나 시작할 준비 됐어.

사용빈도
약 9,466,000회

Q **I'm ready to learn.**
나 배울 준비 됐어.

사용빈도
약 15,281,000회

Q **I'm ready to change.**
나 달라질 준비 됐어.

사용빈도
약 13,441,000회

💬 이런 말도 할 수 있어요.

I'm ready to [   ].

↳ **talk** 얘기하다
travel 여행하다

---

learn [런] 배우다 **change** [췌인쥐] 달라지다, 변하다 **travel** [트뤠블] 여행하다

Step 2
이번에는 우리말만 보고 **I'm ready to** 패턴으로 문장 말해보기

| 나 갈 준비 됐어. | 🎤 **I'm ready to** go. |

| 나 시작할 준비 됐어. | 🎤 |

| 나 배울 준비 됐어. | 🎤 |

| 나 달라질 준비 됐어. | 🎤 |

| 나 얘기할 준비 됐어. | 🎤 |

Step 3
I'm ready to 패턴이 들어간 실제 대화 따라 하며 말해보기

💬 떠날 준비가 됐는지 묻는 사람에게
갈 준비가 됐다고 말할 때

Jenny Can we leave now?
우리 지금 떠날 수 있어?

Kevin Of course.
당연하지.

I'm ready to go.
나 갈 준비 됐어.

어떤 일에 대해 사과하거나 유감이라고 말할 때 쓰는 만능 패턴

I'm sorry ~

~해서 미안해 / ~라니 유감이야

내 잘못에 대해 미안하다고 하거나 어떤 일에 대해 유감이라고 말할 때 쓰는 패턴이에요. sorry는 '미안한'과 '유감스러운'이라는 의미를 모두 갖고 있어요. I'm sorry 패턴 뒤에 사과하거나 유감을 표할 일을 넣어 말해보세요.

무료 강의 및
MP3 바로 듣기

Step 1
I'm sorry 패턴으로 미국인이 많이 쓰는 TOP 4 문장 따라 하며 말해보기

Q **I'm sorry** I'm late.
늦어서 미안해.

사용빈도
약 554,400회 ↖

Q **I'm sorry** to hear that.
그 말을 들으니 유감이야.

사용빈도
약 3,572,000회 ↖

Q **I'm sorry** to bother you.
너를 귀찮게 해서 미안해.

사용빈도
약 427,400회 ↖

Q **I'm sorry** you feel that way.
네가 그렇게 느낀다니 유감이야.

사용빈도
약 488,300회 ↖

💬 이런 말도 할 수 있어요.

I'm sorry [   ].

↳ **I can't help you** 너를 도울 수 없다
I forgot to call you 너에게 전화하는 것을 잊다

bother [바더] 귀찮게 하다   feel [퓔] 느끼다   that way 그렇게

Step 2
이번에는 우리말만 보고 **I'm sorry** 패턴으로 문장 말해보기

늦어서 미안해.   🎤 **I'm sorry** I'm late.

그 말을 들으니 유감이야.   🎤

너를 귀찮게 해서 미안해.   🎤

네가 그렇게 느낀다니 유감이야.   🎤

너를 도울 수 없어서 미안해.   🎤

Step 3
I'm sorry 패턴이 들어간 실제 대화 따라 하며 말해보기

🎬 <벤자민 버튼의 시간은 거꾸로 간다>에서
그 말을 들으니 유감이라고 말할 때

Thomas   I'm sick.
나는 아프단다.

I don't have much time.
나에게는 시간이 많지 않아.

Benjamin   **I'm sorry** to hear that.
그 말을 들으니 유감이에요.

무언가가 걱정된다고 말할 때 쓰는 만능 패턴

I'm worried about ~
나 ~가 걱정돼

어떤 대상이 걱정된다고 말할 때 쓰는 패턴이에요. worried about은 '~에 대해 걱정하는'이라는 의미예요. I'm worried about 패턴 뒤에 걱정되는 대상을 넣어 말해보세요.

무료 강의 및
MP3 바로 듣기

Step 1
I'm worried about 패턴으로 미국인이 많이 쓰는 TOP 4 문장 따라 하며 말해보기

Q **I'm worried about** my friend.
나 내 친구가 걱정돼.

사용빈도
약 3,658,000회

Q **I'm worried about** my parents.
나 내 부모님이 걱정돼.

사용빈도
약 3,542,000회

Q **I'm worried about** the weather.
나 날씨가 걱정돼.

사용빈도
약 1,780,200회

Q **I'm worried about** your health.
나 너의 건강이 걱정돼.

사용빈도
약 361,350회

💬 이런 말도 할 수 있어요.

I'm worried about _____.

→ **my dog** 내 강아지
my memory 내 기억력

---

parents [패어런츠] 부모님   memory [메모뤼] 기억력, 기억

Step 2
이번에는 우리말만 보고 **I'm worried about** 패턴으로 문장 말해보기

| 나 내 친구가 걱정돼. | 🎤 **I'm worried about** my friend. |

나 내 부모님이 걱정돼. 🎤

나 날씨가 걱정돼. 🎤

나 너의 건강이 걱정돼. 🎤

나 내 강아지가 걱정돼. 🎤

Step 3
I'm worried about 패턴이 들어간 실제 대화 따라 하며 말해보기

🎬 <오피스>에서

친구가 걱정된다고 말할 때

Holly   **Michael, are you OK?**
마이클, 너 괜찮아?

Michael   **No, I'm not.**
아니, 나 안 괜찮아.

I'm worried about my friend.
나 내 친구가 걱정돼.

관심 있는 대상에 대해 말할 때 쓰는 만능 패턴
I'm interested in ~
나 ~에 관심 있어

내가 관심이 있거나 선호하는 대상에 대해 말할 때 쓰는 패턴이에요. interested in은 '~에 관심 있는'이라는 의미예요. I'm interested in 패턴 뒤에 관심 있거나 선호하는 대상을 넣어 말해보세요.

무료 강의 및
MP3 바로 듣기

Step 1
I'm interested in 패턴으로 미국인이 많이 쓰는 TOP 4 문장 따라 하며 말해보기

Q **I'm interested in** you.
나 너에게 관심 있어.

사용빈도
약 322,594회

Q **I'm interested in** this.
나 이것에 관심 있어.

사용빈도
약 25,360,000회

Q **I'm interested in** your offer.
나 너의 제안에 관심 있어.

사용빈도
약 202,400회

Q **I'm interested in** the position.
나 그 직책에 관심 있어.

사용빈도
약 407,700회

💬 이런 말도 할 수 있어요.

I'm interested in ⬚ .

→ **art** 예술
cooking 요리하는 것

---

offer [오뭐] 제안   **position** [포지션] 직책, 위치

Step 2
이번에는 우리말만 보고 **I'm interested in** 패턴으로 문장 말해보기

| 나 너에게 관심 있어. | 🎤 **I'm interested in** you. |

| 나 이것에 관심 있어. | 🎤 |

| 나 너의 제안에 관심 있어. | 🎤 |

| 나 그 직책에 관심 있어. | 🎤 |

| 나 예술에 관심 있어. | 🎤 |

Step 3
I'm interested in 패턴이 들어간 실제 대화 따라 하며 말해보기

💬 무언가를 제안한 사람에게
그 제안에 관심 있다고 말할 때

Kevin

I'm interested in your offer.
나 너의 제안에 관심 있어.

Jenny

That's great!
그거 잘됐다!

Can we talk about it now?
우리 지금 그것에 대해 얘기할 수 있어?

I'm -ing 패턴

Day 10
어떤 일을 할 거라고 말할 때 쓰는 만능 패턴
I'm going to ~ 나 ~할 거야

Day 11
어떤 일을 하지 않을 거라고 말할 때 쓰는 만능 패턴
I'm not going to ~ 나 ~하지 않을 거야

Day 12
어떤 일을 하려고 하고 있다고 말할 때 쓰는 만능 패턴
I'm trying to ~ 나 ~하려고 하고 있어

Day 13
어떤 일을 하려는 게 아니라고 말할 때 쓰는 만능 패턴
I'm not trying to ~ 나 ~하려는 게 아니야

Day 14
상태나 기분이 어떻게 변하고 있는지 말할 때 쓰는 만능 패턴
I'm getting ~ 나 점점 ~하고 있어

Day 15
기꺼이 어떤 일을 할 거라고 말할 때 쓰는 만능 패턴
I'm willing to ~ 나 기꺼이 ~할 거야

Day 16
어떤 대상을 찾고 있다고 말할 때 쓰는 만능 패턴
I'm looking for ~ 나 ~를 찾고 있어

어떤 일을 할 거라고 말할 때 쓰는 만능 패턴

I'm going to ~

나 ~할 거야

미래에 결심한 어떤 일을 할 예정이라고 말할 때 쓰는 패턴이에요. going to 는 '~할 예정인'이라는 의미예요. I'm going to 패턴 뒤에 할 예정인 일을 넣어 말해보세요.

무료 강의 및
MP3 바로 듣기

Step 1
I'm going to 패턴으로 미국인이 많이 쓰는 TOP 4 문장 따라 하며 말해보기

🔍 **I'm going to** go.
나 갈 거야.

사용빈도
약 170,500,000회 ↖

🔍 **I'm going to** sleep.
나 잘 거야.

사용빈도
약 28,930,000회 ↖

🔍 **I'm going to** help you.
나 너를 도와줄 거야.

사용빈도
약 108,060,000회 ↖

🔍 **I'm going to** lose weight.
나 살을 뺄 거야.

사용빈도
약 12,650,000회 ↖

💬 이런 말도 할 수 있어요.

I'm going to [   ].

→ **buy it** 그것을 사다
work hard 열심히 일하다

---

lose weight 살을 빼다

Step 2
이번에는 우리말만 보고 **I'm going to** 패턴으로 문장 말해보기

| 나 갈 거야. | 🎤 **I'm going to** go. |

| 나 잘 거야. | 🎤 |

| 나 너를 도와줄 거야. | 🎤 |

| 나 살을 뺄 거야. | 🎤 |

| 나 그것을 살 거야. | 🎤 |

Step 3
I'm going to 패턴이 들어간 실제 대화 따라 하며 말해보기

🎬 <인턴십>에서
갈 거라고 말할 때

Dana **I'm going to** go.
나 갈 거야.

Nick No, no, wait!
아니, 아니, 기다려!

어떤 일을 하지 않을 거라고 말할 때 쓰는 만능 패턴

I'm not going to ~

나 ~하지 않을 거야

어떤 일을 하지 않을 예정이라고 말할 때 쓰는 패턴이에요. I'm going to 패턴에 not만 붙이면 미래에 어떤 일을 하지 않을 거라는 의미가 돼요. I'm not going to 패턴 뒤에 하지 않기로 한 일을 넣어 말해보세요.

무료 강의 및
MP3 바로 듣기

 Step 1
I'm not going to 패턴으로 미국인이 많이 쓰는 TOP 4 문장 따라 하며 말해보기

🔍 **I'm not going to** read it.
나 그것을 읽지 않을 거야.

사용빈도
약 16,570,000회 ↖

🔍 **I'm not going to** tell you.
나 너에게 말하지 않을 거야.

사용빈도
약 28,690,000회 ↖

🔍 **I'm not going to** work today.
나 오늘은 일하지 않을 거야.

사용빈도
약 1,534,400회 ↖

🔍 **I'm not going to** leave you alone.
나 너를 혼자 남겨두지 않을 거야.

사용빈도
약 973,500회 ↖

💬 이런 말도 할 수 있어요.

I'm not going to [   ] .

↳ **go** 가다
watch it 그것을 보다

---

leave [리브] 남겨두다, 떠나다 **alone** [얼론] 혼자

Step 2
이번에는 우리말만 보고 **I'm not going to** 패턴으로 문장 말해보기

나 그것을 읽지 않을 거야.　　🎤 **I'm not going to** read it.

나 너에게 말하지 않을 거야.　　🎤

나 오늘은 일하지 않을 거야.　　🎤

나 너를 혼자 남겨두지 않을 거야.　🎤

나 가지 않을 거야.　　🎤

Step 3
I'm not going to 패턴이 들어간 실제 대화 따라 하며 말해보기

💬 무엇을 샀는지 물어보는 사람에게
말하지 않을 거라고 말할 때

Kevin　　What did you buy for my birthday?
너 내 생일을 위해 무엇을 샀어?

Jenny　　**I'm not going to** tell you.
나 너에게 말하지 않을 거야.

It's a secret.
비밀이야.

어떤 일을 하려고 하고 있다고 말할 때 쓰는 만능 패턴

I'm trying to ~
나 ~하려고 하고 있어

지금 어떤 일을 하려고 하고 있다고 말할 때 쓰는 패턴이에요. 내가 지금 어떤 일을 하기 위해 노력 중이라는 것을 상대에게 알리고 싶을 때 주로 써요. I'm trying to 패턴 뒤에 지금 하려고 노력 중인 일을 넣어 말해보세요.

무료 강의 및
MP3 바로 듣기

Step 1
I'm trying to 패턴으로 미국인이 많이 쓰는 TOP 4 문장 따라 하며 말해보기

Q **I'm trying to think.**
나 생각하려고 하고 있어.

답을 빨리해주길 원하는 상대에게 지금 생각하기 위해 노력 중이란 것을 알려줄 때 써요.

사용빈도
약 24,190,000회

Q **I'm trying to help you.**
나 너를 도와주려고 하고 있어.

사용빈도
약 19,060,000회

Q **I'm trying to apologize.**
나 사과하려고 하고 있어.

사용빈도
약 2,199,700회

Q **I'm trying to do my best.**
나 내 최선을 다하려고 하고 있어.

사용빈도
약 2,150,000회

💬 이런 말도 할 수 있어요.

I'm trying to ⬚.
↳ **learn English** 영어를 배우다
find a new job 새로운 직장을 찾다

---

apologize [어팔러자이즈] 사과하다   do my best 내 최선을 다하다

Step 2
이번에는 우리말만 보고 **I'm trying to** 패턴으로 문장 말해보기

나 생각하려고 하고 있어.   🎙   **I'm trying to** think.

나 너를 도와주려고 하고 있어.   🎙

나 사과하려고 하고 있어.   🎙

나 내 최선을 다하려고 하고 있어.   🎙

나 영어를 배우려고 하고 있어.   🎙

Step 3
I'm trying to 패턴이 들어간 실제 대화 따라 하며 말해보기

💬 내게 의견을 요청하는 사람에게

생각하려고 하고 있다고 말할 때

Jenny   **Give me your opinion.**
너의 의견을 알려줘.

Kevin   **Just a second.**
잠시만.

I'm trying to think.
나 생각하려고 하고 있어.

어떤 일을 하려는 게 아니라고 말할 때 쓰는 만능 패턴

I'm not trying to ~
나 ~하려는 게 아니야

지금 어떤 일을 하려는 게 아니라고 말할 때 쓰는 패턴이에요. I'm trying to 패턴에 not을 붙이면 내가 어떤 일을 하려는 것이 아니다, 즉 내 행동의 의도는 그것이 아니라는 의미가 돼요. I'm not trying to 패턴 뒤에 내가 의도한 것이 아닌 일을 넣어 말해보세요.

무료 강의 및
MP3 바로 듣기

Step 1
I'm not trying to 패턴으로 미국인이 많이 쓰는 TOP 4 문장 따라 하며 말해보기

🔍 **I'm not trying to** be rude.
나 무례하게 굴려는 게 아니야.

> 내가 한 행동의 의도가 상대를 기분 나쁘게
> 하려는 게 아니라고 알려줄 때 써요.

사용빈도
약 378,200회

🔍 **I'm not trying to** be funny.
나 웃기려는 게 아니야.

사용빈도
약 447,556회

🔍 **I'm not trying to** complain.
나 불평하려는 게 아니야.

사용빈도
약 314,800회

🔍 **I'm not trying to** waste your time.
나 너의 시간을 낭비하려는 게 아니야.

사용빈도
약 222,170회

💬 이런 말도 할 수 있어요.

I'm not trying to [   ].

→ **bother you** 너를 귀찮게 하다
start a fight 싸움을 시작하다

---

rude [루드] 무례한 complain [컴플레인] 불평하다 waste [웨이스트] 낭비하다 bother [바더] 귀찮게 하다

Step 2

이번에는 우리말만 보고 **I'm not trying to** 패턴으로 문장 말해보기

나 무례하게 굴려는 게 아니야.　🎤 **I'm not trying to** be rude.

나 웃기려는 게 아니야.　🎤

나 불평하려는 게 아니야.　🎤

나 너의 시간을 낭비하려는 게 아니야.　🎤

나 너를 귀찮게 하려는 게 아니야.　🎤

Step 3

I'm not trying to 패턴이 들어간 실제 대화 따라 하며 말해보기

💬 내가 농담하고 있다고 생각하는 사람에게

웃기려는 게 아니라고 말할 때

Kevin　You're joking, right?
너 농담하고 있는 거지, 맞지?

Jenny　**I'm not trying to** be funny.
나 웃기려는 게 아니야.

I'm serious.
나 심각해.

상태나 기분이 어떻게 변하고 있는지 말할 때 쓰는 만능 패턴

I'm getting ~

나 점점 ~하고 있어

내 상태나 기분이 어떻게 변화되고 있는지 말할 때 쓰는 패턴이에요. 이때 get은 '(어떤 상태가) 되다, (상태나 기분이) ~해지다'라는 의미예요. I'm getting 패턴 뒤에 변화하고 있는 내 상태나 기분을 넣어 말해보세요.

무료 강의 및
MP3 바로 듣기

Step 1
I'm getting 패턴으로 미국인이 많이 쓰는 TOP 4 문장 따라 하며 말해보기

Q **I'm getting** old.
나 점점 나이 들어가고 있어.

사용빈도
약 2,006,000회

Q **I'm getting** tired.
나 점점 피곤해지고 있어.

사용빈도
약 1,846,000회

Q **I'm getting** ready.
나 점점 준비돼가고 있어.

> 어떤 일을 할 수 있게 '준비가 된 상태가 돼가고 있다'라는 뜻으로, 준비가 거의 다 되었다고 말할 때 써요.

사용빈도
약 7,257,000회

Q **I'm getting** better.
나 점점 더 좋아지고 있어.

사용빈도
약 4,416,600회

💬 이런 말도 할 수 있어요.

I'm getting [   ] .

→ **hungry** 배고픈
excited 신이 난

---

better [베러] 더 좋은 excited [익싸이티드] 신이 난

Step 2
이번에는 우리말만 보고 **I'm getting** 패턴으로 문장 말해보기

나 점점 나이 들어가고 있어.	🎤 **I'm getting** old.

나 점점 피곤해지고 있어. 🎤

나 점점 준비돼가고 있어. 🎤

나 점점 더 좋아지고 있어. 🎤

나 점점 배고파지고 있어. 🎤

Step 3
I'm getting 패턴이 들어간 실제 대화 따라 하며 말해보기

💬 아직도 아픈지 묻는 사람에게

점점 더 좋아지고 있다고 말할 때

Kevin
Are you still sick?
너 아직도 아파?

Jenny
I'm getting better.
나 점점 더 좋아지고 있어.

Don't worry.
걱정하지마.

기꺼이 어떤 일을 할 거라고 말할 때 쓰는 만능 패턴
I'm willing to ~
나 기꺼이 ~할 거야

내가 기꺼이 어떤 일을 할 거라고 말할 때 쓰는 패턴이에요. willing to는 '기꺼이 ~하는'이라는 의미예요. I'm willing to 패턴 뒤에 기꺼이 할 일을 넣어 말해보세요.

무료 강의 및
MP3 바로 듣기

Step 1
I'm willing to 패턴으로 미국인이 많이 쓰는 TOP 4 문장 따라 하며 말해보기

Q **I'm willing to do it.**
나 기꺼이 그것을 할 거야.

사용빈도
약 7,737,000회 ↖

Q **I'm willing to learn.**
나 기꺼이 배울 거야.

사용빈도
약 4,190,000회 ↖

Q **I'm willing to share.**
나 기꺼이 나눌 거야.

사용빈도
약 4,475,000회 ↖

Q **I'm willing to help you.**
나 기꺼이 너를 도울 거야.

사용빈도
약 2,325,000회 ↖

💬 이런 말도 할 수 있어요.

I'm willing to ⎣_____⎦.

↳ **wait** 기다리다
volunteer 자원하다

share [쉐어] 나누다, 공유하다   **volunteer** [발런티어] 자원하다

Step 2

이번에는 우리말만 보고 **I'm willing to** 패턴으로 문장 말해보기

나 기꺼이 그것을 할 거야.	🎤 **I'm willing to** do it.

나 기꺼이 배울 거야.	🎤

나 기꺼이 나눌 거야.	🎤

나 기꺼이 너를 도울 거야.	🎤

나 기꺼이 기다릴 거야.	🎤

Step 3

I'm willing to 패턴이 들어간 실제 대화 따라 하며 말해보기

💬 도움을 바라는 사람에게

기꺼이 도울 거라고 말할 때

Jenny
Can you help me?
너 나를 도와줄 수 있어?

Kevin
Of course.
당연하지.

I'm willing to help you.
나 기꺼이 너를 도울 거야.

어떤 대상을 찾고 있다고 말할 때 쓰는 만능 패턴

I'm looking for ~

나 ~를 찾고 있어

어떤 물건이나 사람을 찾는 중이라고 말할 때 쓰는 패턴이에요. look for는 '~을 찾다'라는 의미예요. I'm looking for 패턴 뒤에 찾고 있는 물건이나 사람을 넣어 말해보세요.

무료 강의 및
MP3 바로 듣기

Step 1

I'm looking for 패턴으로 미국인이 많이 쓰는 TOP 4 문장 따라 하며 말해보기

Q **I'm looking for** a key.
나 열쇠를 찾고 있어.

사용빈도
약 72,906,000회

Q **I'm looking for** my car.
나 내 차를 찾고 있어.

사용빈도
약 1,851,000회

Q **I'm looking for** someone.
나 누군가를 찾고 있어.

사용빈도
약 11,450,000회

Q **I'm looking for** my phone.
나 내 전화기를 찾고 있어.

사용빈도
약 2,146,000회

이런 말도 할 수 있어요.

I'm looking for [＿＿＿＿＿＿＿＿] .

→ **a parking lot** 주차장
something special 특별한 무언가

---

someone [썸원] 누군가 parking lot 주차장 special [스페셜] 특별한

Step 2
이번에는 우리말만 보고 **I'm looking for** 패턴으로 문장 말해보기

나 열쇠를 찾고 있어.	🎤 **I'm looking for** a key.

나 내 차를 찾고 있어.	🎤

나 누군가를 찾고 있어.	🎤

나 내 전화기를 찾고 있어.	🎤

나 주차장을 찾고 있어.	🎤

Step 3
I'm looking for 패턴이 들어간 실제 대화 따라 하며 말해보기

> 🎬 <스타워즈: 제국의 역습>에서
> **누군가를 찾고 있다고 말할 때**
>
> Creature   Why are you here?
>   당신 왜 여기에 있어요?
>
> Luke   **I'm looking for** someone.
>   저 누군가를 찾고 있어요.

Are you 패턴

어떤 일을 할 준비가 됐는지 물을 때 쓰는 만능 패턴

Are you ready to ~?
~할 준비 됐어?

상대에게 어떤 일을 할 준비가 됐는지 물을 때 쓰는 패턴이에요. '할 준비가 된'이라는 뜻의 ready to 앞에 are you만 붙이면 상대가 어떤 일을 할 수 있는지 확인하는 것이 돼요. Are you ready to 패턴 뒤에 할 준비가 됐는지 물어볼 일을 넣어 말해보세요.

무료 강의 및
MP3 바로 듣기

Step 1
Are you ready to 패턴으로 미국인이 많이 쓰는 TOP 4 문장 따라 하며 말해보기

Q **Are you ready to** go?
갈 준비 됐어?

사용빈도
약 20,543,000회

Q **Are you ready to** start?
시작할 준비 됐어?

사용빈도
약 19,436,000회

Q **Are you ready to** order?
주문할 준비 됐어?

사용빈도
약 2,354,900회

Q **Are you ready to** have fun?
재미있게 놀 준비 됐어?

사용빈도
약 3,988,000회

이런 말도 할 수 있어요.

Are you ready to ⬚ ?

→ **take the test** 시험 보다
play the game 게임을 하다

order [오더] 주문하다 have fun 재미있게 놀다

Step 2
이번에는 우리말만 보고 **Are you ready to** 패턴으로 문장 말해보기

| 갈 준비 됐어? | 🎤 **Are you ready to** go? |

| 시작할 준비 됐어? | 🎤 |

| 주문할 준비 됐어? | 🎤 |

| 재미있게 놀 준비 됐어? | 🎤 |

| 시험 볼 준비 됐어? | 🎤 |

Step 3
Are you ready to 패턴이 들어간 실제 대화 따라 하며 말해보기

🎬 <트루먼 쇼>에서
갈 준비가 됐는지 물을 때

Truman
Are you ready to go?
갈 준비 됐어?

Marlon
No. I just came here.
아니. 나 방금 여기에 왔어.

어떤 일을 할 예정인지 물을 때 쓰는 만능 패턴

Are you going to ~?
너 ~할 거야?

어떤 일을 할 예정인지 물을 때 쓰는 패턴이에요. '~할 예정인'이라는 뜻의 going to 앞에 are you를 붙이면 상대가 어떤 일을 하기로 결심했거나 계획했는지 묻는 말이 돼요. Are you going to 패턴 뒤에 할 예정인지 궁금한 일을 넣어 말해보세요.

무료 강의 및
MP3 바로 듣기

Step 1
Are you going to 패턴으로 미국인이 많이 쓰는 TOP 4 문장 따라 하며 말해보기

🔍 **Are you going to stay?**
너 머무를 거야?

사용빈도
약 16,250,000회 ↖

🔍 **Are you going to sleep?**
너 잘 거야?

사용빈도
약 14,643,000회 ↖

🔍 **Are you going to take it?**
너 그것을 받아들일 거야?

상대가 제안을 받았다는 사실을 알게 돼서 그 제안을 받아들일 예정인지 물을 때 써요.

사용빈도
약 28,222,000회 ↖

🔍 **Are you going to make a decision?**
너 결정을 내릴 거야?

사용빈도
약 4,887,000회 ↖

💬 이런 말도 할 수 있어요.

Are you going to [   ] ?

↳ **go** 가다
use it 그것을 사용하다

---

take [테이크] 받아들이다   make a decision 결정을 내리다

Step 2

이번에는 우리말만 보고 **Are you going to** 패턴으로 문장 말해보기

| 너 머무를 거야? | 🎤 **Are you going to** stay? |

| 너 잘 거야? | 🎤 |

| 너 그것을 받아들일 거야? | 🎤 |

| 너 결정을 내릴 거야? | 🎤 |

| 너 갈 거야? | 🎤 |

Step 3

Are you going to 패턴이 들어간 실제 대화 따라 하며 말해보기

💬 어떻게 할지 고민 중인 사람에게
결정을 내릴 예정인지 물을 때

Jenny
Are you going to make a decision?
너 결정을 내릴 거야?

Kevin
Not right now.
지금 당장은 아니야.

I'll think about it tomorrow.
나는 그것에 대해 내일 생각할 거야.

어떤 일을 하려는 것이 맞는지 물을 때 쓰는 만능 패턴

Are you trying to ~?

너 ~하려는 거야?

어떤 일을 하려는 것이 맞는지 물을 때 쓰는 패턴이에요. 상대가 어떤 일을 하기 위해 노력 중인 게 맞는지 확인하고 싶을 때 주로 써요. Are you trying to 패턴 뒤에 상대가 하려는 게 맞는지 궁금한 일을 넣어 말해보세요.

무료 강의 및
MP3 바로 듣기

 Step 1
Are you trying to 패턴으로 미국인이 많이 쓰는 TOP 4 문장 따라 하며 말해보기

Q **Are you trying to find a job?**
너 직장을 찾으려는 거야?

> 구직 중인 것처럼 보이는 상대에게 직장을 찾으려고
> 노력 중인 게 맞는지 확인하고 싶을 때 써요.

사용빈도
약 372,000회

Q **Are you trying to lose weight?**
너 살을 빼려는 거야?

사용빈도
약 688,300회

Q **Are you trying to sell your car?**
너 네 차를 팔려는 거야?

사용빈도
약 105,910회

Q **Are you trying to find something?**
너 무언가를 찾으려는 거야?

사용빈도
약 254,300회

💬 이런 말도 할 수 있어요.

Are you trying to [＿＿＿＿＿＿＿] ?

→ **sleep** 자다
tell me something 나에게 무언가를 말하다

find [퐈인드] 찾다   lose weight 살을 빼다

Step 2

이번에는 우리말만 보고 **Are you trying to** 패턴으로 문장 말해보기

너 직장을 찾으려는 거야?　🎤　**Are you trying to** find a job?

너 살을 빼려는 거야?　🎤

너 네 차를 팔려는 거야?　🎤

너 무언가를 찾으려는 거야?　🎤

너 자려는 거야?　🎤

Step 3

Are you trying to 패턴이 들어간 실제 대화 따라 하며 말해보기

💬 요즘 매일 헬스장에 간다는 사람에게
살을 빼려는 것이 맞는지 물을 때

Kevin　**These days, I go to the gym every day.**
요즘, 나 헬스장에 매일 가.

Jenny　**Really?**
정말?

Are you trying to lose weight?
너 살을 빼려는 거야?

상대의 상태에 대해 물을 때 쓰는 만능 패턴

Aren't you ~?

너 ~지 않아?

상대의 상태에 대한 나의 짐작이 맞는지 물을 때 쓰는 패턴이에요. 상대가 어떤 상태인 것이 자연스럽다고 생각할 때 주로 써요. Aren't you 패턴 뒤에 내가 짐작한 상대의 상태를 넣어 말해보세요.

무료 강의 및
MP3 바로 듣기

Step 1
Aren't you 패턴으로 미국인이 많이 쓰는 TOP 4 문장 따라 하며 말해보기

Q **Aren't you** cold?
너 춥지 않아?

> 상황을 보아 상대가 추울 게 자연스럽다고 느껴져서, 내 짐작이 맞는지 확인할 때 써요.

사용빈도
약 193,300회

Q **Aren't you** tired?
너 피곤하지 않아?

사용빈도
약 562,700회

Q **Aren't you** hungry?
너 배고프지 않아?

사용빈도
약 372,100회

Q **Aren't you** worried?
너 걱정되지 않아?

사용빈도
약 354,500회

💬 이런 말도 할 수 있어요.

Aren't you [   ] ?

↳ **sorry** 미안한
   sleepy 졸린

---

tired [타이어드] 피곤한   worried [워뤼드] 걱정되는

Step 2
이번에는 우리말만 보고 **Aren't you** 패턴으로 문장 말해보기

| 너 춥지 않아? | 🎙 **Aren't you** cold? |

| 너 피곤하지 않아? | 🎙 |

| 너 배고프지 않아? | 🎙 |

| 너 걱정되지 않아? | 🎙 |

| 너 미안하지 않아? | 🎙 |

Step 3
Aren't you 패턴이 들어간 실제 대화 따라 하며 말해보기

💬 배고플 것 같은 사람에게
배고프지 않은지 물을 때

Kevin　　It's already noon.
벌써 정오야.

Aren't you hungry?
너 배고프지 않아?

Jenny　　Yes. We should eat something.
응. 우리는 뭔가 먹어야 해.

I want 패턴

어떤 일을 하고 싶다고 말할 때 쓰는 만능 패턴

I want to ~

나 ~하고 싶어

내가 하고 싶은 일을 말할 때 쓰는 패턴이에요. want to는 '~하는 것을 원하다'라는 의미예요. I want to 패턴 뒤에 하고 싶은 일을 넣어 말해보세요.

무료 강의 및
MP3 바로 듣기

Step 1
I want to 패턴으로 미국인이 많이 쓰는 TOP 4 문장 따라 하며 말해보기

Q **I want to** thank you.
나 너에게 감사하고 싶어.

사용빈도
약 62,420,000회 ↖

Q **I want to** go to sleep.
나 자러 가고 싶어.

사용빈도
약 54,460,000회 ↖

Q **I want to** be with you.
나 너와 함께 있고 싶어.

사용빈도
약 39,160,000회 ↖

Q **I want to** know everything.
나 모든 것을 알고 싶어.

사용빈도
약 9,357,000회 ↖

💬 이런 말도 할 수 있어요.

I want to ⬚⬚⬚⬚⬚⬚⬚⬚⬚⬚⬚ .

> **drink coffee** 커피를 마시다
> **have my own car** 내 소유의 차를 갖다

own [오운] 내 소유의

Step 2

이번에는 우리말만 보고 **I want to** 패턴으로 문장 말해보기

나 너에게 감사하고 싶어.	🎙 **I want to** thank you.

나 자러 가고 싶어.	🎙

나 너와 함께 있고 싶어.	🎙

나 모든 것을 알고 싶어.	🎙

나 커피를 마시고 싶어.	🎙

Step 3

I want to 패턴이 들어간 실제 대화 따라 하며 말해보기

🎬 <터미네이터 2>에서

모든 것을 알고 싶다고 말할 때

Terminator I have the files.
내가 그 파일들을 가지고 있어.

Sarah **I want to** know everything.
나 모든 것을 알고 싶어요.

어떤 일을 하고 싶지 않다고 말할 때 쓰는 만능 패턴

I don't want to ~

나 ~하고 싶지 않아

내가 하고 싶지 않은 일을 말할 때 쓰는 패턴이에요. I want to 패턴에 don't 만 붙이면 "나 ~하는 것을 원하지 않아."라는 의미가 돼요. I don't want to 패턴 뒤에 하고 싶지 않은 일을 넣어 말해보세요.

무료 강의 및
MP3 바로 듣기

Step 1
I don't want to 패턴으로 미국인이 많이 쓰는 TOP 4 문장 따라 하며 말해보기

🔍 **I don't want to** tell you.
나 너에게 말하고 싶지 않아.

사용빈도
약 83,700,000회

🔍 **I don't want to** be late.
나 늦고 싶지 않아.

> 시간이 정해져 있는 곳에 함께 가야 하는 상대에게
> 늦고 싶지 않으니 서두르자는 의미로 말할 때 써요.

사용빈도
약 4,282,000회

🔍 **I don't want to** go to work.
나 일하러 가고 싶지 않아.

사용빈도
약 115,510,000회

🔍 **I don't want to** do anything.
나 아무것도 하고 싶지 않아.

사용빈도
약 58,200,000회

💬 이런 말도 할 수 있어요.

I don't want to ⬚⬚⬚⬚⬚⬚⬚⬚⬚⬚⬚ .

↳ **lie to you** 너에게 거짓말하다
talk about it 그것에 대해 얘기하다

---

late [래이트] 늦은 anything [애니띵] 아무것도 lie [라이] 거짓말하다

Step 2
이번에는 우리말만 보고 **I don't want to** 패턴으로 문장 말해보기

| 나 너에게 말하고 싶지 않아. | 🎤 **I don't want to** tell you. |

| 나 늦고 싶지 않아. | 🎤 |

| 나 일하러 가고 싶지 않아. | 🎤 |

| 나 아무것도 하고 싶지 않아. | 🎤 |

| 나 너에게 거짓말하고 싶지 않아. | 🎤 |

Step 3
I don't want to 패턴이 들어간 실제 대화 따라 하며 말해보기

💬 준비 시간이 너무 오래 걸리는 사람에게
늦고 싶지 않다고 말할 때

Jenny   I'll be ready in 30 minutes.
나 30분 후에 준비될 거야.

Kevin   Please hurry.
제발 서둘러.

I don't want to be late.
나 늦고 싶지 않아.

어떤 일을 하지 않는 게 좋을 거라고 충고할 때 쓰는 만능 패턴

You don't want to ~
~하지 않는 게 좋을 거야

어떤 일을 하지 않는 게 좋을 거라고 충고할 때 쓰는 패턴이에요. you don't want to를 그대로 해석하면 "너는 ~하고 싶지 않을걸."이라는 뜻으로, 행동의 결과가 좋지 않을 것이라고 경고하는 말이 돼요. You don't want to 패턴 뒤에 상대가 하지 않는 게 좋은 일을 넣어 말해보세요.

무료 강의 및
MP3 바로 듣기

Step 1
You don't want to 패턴으로 미국인이 많이 쓰는 TOP 4 문장 따라 하며 말해보기

Q **You don't want to miss.**
놓치지 않는 게 좋을 거야.

> 너무 재밌거나 중요한 어떤 걸 놓치면, 그 결과 후회하게 될 거라는 의미로 말할 때 써요.

사용빈도
약 49,980,000회

Q **You don't want to know.**
알지 않는 게 좋을 거야.

사용빈도
약 272,650,000회

Q **You don't want to do that.**
그것을 하지 않는 게 좋을 거야.

사용빈도
약 72,320,000회

Q **You don't want to hear that.**
그것을 듣지 않는 게 좋을 거야.

사용빈도
약 15,599,000회

💬 이런 말도 할 수 있어요.

You don't want to ⬚⬚⬚⬚⬚ .

↳ **go there** 그곳에 가다
meet him 그를 만나다

---

miss [미쓰] 놓치다, 그리워하다

Step 2

이번에는 우리말만 보고 **You don't want to** 패턴으로 문장 말해보기

| 놓치지 않는 게 좋을 거야. | 🎤 **You don't want to** miss. |

알지 않는 게 좋을 거야. 🎤

그것을 하지 않는 게 좋을 거야. 🎤

그것을 듣지 않는 게 좋을 거야. 🎤

그곳에 가지 않는 게 좋을 거야. 🎤

Step 3

You don't want to 패턴이 들어간 실제 대화 따라 하며 말해보기

🎬 <쥬라기 공원 3>에서

알지 않는 게 좋을 거라고 충고할 때

Alan　　Is this T. rex pee?
　　　　　이게 티라노사우루스 오줌이야?

　　　　　How did you get it?
　　　　　그것을 어떻게 구했어?

Eric　　**You don't want to** know.
　　　　　알지 않는 게 좋을 거예요.

어떤 일을 하고 싶은지 물을 때 쓰는 만능 패턴

Do you want to ~?

~하고 싶어?

상대에게 어떤 일을 하고 싶은지 물을 때 쓰는 패턴이에요. I want to 패턴에서 I를 Do you로 바꾸기만 하면 상대가 어떤 일을 하길 원하는지 묻는 말이 돼요. Do you want to 패턴 뒤에 상대가 하고 싶은지 궁금한 일을 넣어 말해보세요.

무료 강의 및
MP3 바로 듣기

Step 1
Do you want to 패턴으로 미국인이 많이 쓰는 TOP 4 문장 따라 하며 말해보기

Q **Do you want to leave?**
떠나고 싶어?

사용빈도
약 98,170,000회

Q **Do you want to try some?**
좀 먹어보고 싶어?

사용빈도
약 23,960,000회

Q **Do you want to go with me?**
나와 함께 가고 싶어?

사용빈도
약 22,940,000회

Q **Do you want to watch a movie?**
영화 보고 싶어?

사용빈도
약 5,222,342회

💬 이런 말도 할 수 있어요.

Do you want to [   ] ?

→ **join us** 우리와 함께 하다
go shopping 쇼핑하러 가다

---

try [트라이] 먹어보다, 시도하다   join [조인] 함께 하다

Step 2
이번에는 우리말만 보고 **Do you want to** 패턴으로 문장 말해보기

| 떠나고 싶어? | 🎤 **Do you want to** leave? |

| 좀 먹어보고 싶어? | 🎤 |

| 나와 함께 가고 싶어? | 🎤 |

| 영화 보고 싶어? | 🎤 |

| 우리와 함께 하고 싶어? | 🎤 |

Step 3
Do you want to 패턴이 들어간 실제 대화 따라 하며 말해보기

💬 내 음식이 맛있어 보인다는 사람에게
먹어보고 싶은지 물을 때

Kevin   Your pasta looks really good.
네 파스타 정말 맛있어 보인다.

Jenny   It's good.
이거 맛있어.

Do you want to try some?
좀 먹어보고 싶어?

어떤 일을 하려는 의도였다고 말할 때 쓰는 만능 패턴

I just wanted to ~

나 단지 ~하고 싶었어

내가 어떤 일을 하려는 의도였다고 말할 때 쓰는 패턴이에요. 상대가 내 행동의 의도를 오해하거나, 부담스럽게 느낄까 봐 걱정될 때 주로 써요. I just wanted to 패턴 뒤에 내 의도를 명확하게 하고 싶은 일을 넣어 말해보세요.

무료 강의 및
MP3 바로 듣기

Step 1
I just wanted to 패턴으로 미국인이 많이 쓰는 TOP 4 문장 따라 하며 말해보기

🔍 **I just wanted to** check.
나 단지 확인하고 싶었어.

> 내가 무언가 강요하려 한다고 상대가 오해했거나, 혹은 오해할까 봐 걱정될 때 단지 사실을 확인하려는 의도였다고 말할 때 써요.

사용빈도
약 24,850,000회 ↖

🔍 **I just wanted to** say hello.
나 단지 인사하고 싶었어.

사용빈도
약 883,000회 ↖

🔍 **I just wanted to** thank you.
나 단지 너에게 감사하고 싶었어.

사용빈도
약 20,680,000회 ↖

🔍 **I just wanted to** talk to you.
나 단지 너와 얘기하고 싶었어.

사용빈도
약 18,321,843회 ↖

💬 이런 말도 할 수 있어요.

I just wanted to _____.

→ **explain** 설명하다
   get your opinion 너의 의견을 받다

---

say hello 인사하다   **explain** [익스플레인] 설명하다   **opinion** [오피니언] 의견

Step 2

이번에는 우리말만 보고 **I just wanted to** 패턴으로 문장 말해보기

| 나 단지 확인하고 싶었어. | 🎤 **I just wanted to** check. |

| 나 단지 인사하고 싶었어. | 🎤 |

| 나 단지 너에게 감사하고 싶었어. | 🎤 |

| 나 단지 너와 얘기하고 싶었어. | 🎤 |

| 나 단지 설명하고 싶었어. | 🎤 |

Step 3

I just wanted to 패턴이 들어간 실제 대화 따라 하며 말해보기

💬 전화했던 이유를 묻는 사람에게
단지 얘기하려던 의도였다고 말할 때

Jenny
Sorry, I missed your call.
미안, 나 네 전화 못 받았어.

Why did you call me?
나한테 왜 전화했어?

Kevin
I just wanted to talk to you.
나 단지 너와 얘기하고 싶었어.

I think / know / mean 패턴

내 의견을 말할 때 쓰는 만능 패턴

I think ~

~인 것 같아

어떤 사실이나 상황에 대한 내 의견을 말할 때 쓰는 패턴이에요. 내 의견이나 생각 앞에 I think를 붙여서 말하면 "내 생각엔 ~인 것 같아."라고 의견을 조심스레 말하는 것이 돼요. I think 패턴 뒤에 내 의견을 넣어 말해보세요.

무료 강의 및
MP3 바로 듣기

 Step 1
I think 패턴으로 미국인이 많이 쓰는 TOP 4 문장 따라 하며 말해보기

Q **I think** I love you.
나 너를 사랑하는 것 같아.

사용빈도
약 62,660,000회 ↖

Q **I think** you're right.
네가 맞는 것 같아.

사용빈도
약 18,380,000회 ↖

Q **I think** it's a good idea.
그것이 좋은 아이디어인 것 같아.

사용빈도
약 23,090,000회 ↖

Q **I think** we need to talk.
우리 얘기할 필요가 있는 것 같아.

사용빈도
약 22,220,000회 ↖

💬 이런 말도 할 수 있어요.

I think [＿＿＿＿＿＿＿＿＿＿] .

↳ **it'll be easy** 그것은 쉬울 것이다
it's too expensive 그것은 너무 비싸다

---

right [라이트] 맞는, 옳은   **expensive** [익스펜씨브] 비싼

Step 2
이번에는 우리말만 보고 **I think** 패턴으로 문장 말해보기

| 나 너를 사랑하는 것 같아. | 🎤 **I think** I love you. |

| 네가 맞는 것 같아. | 🎤 |

| 그것이 좋은 아이디어인 것 같아. | 🎤 |

| 우리 얘기할 필요가 있는 것 같아. | 🎤 |

| 그것은 쉬울 것 같아. | 🎤 |

Step 3
I think 패턴이 들어간 실제 대화 따라 하며 말해보기

🎬 <싱 스트리트>에서
네가 맞는 것 같다는 의견을 말할 때

Raphina   Maybe she loved him too much.
아마도 그녀는 그를 너무 많이 사랑했나 봐.

Conor   **I think** you're right.
네가 맞는 것 같아.

Day 26 해커스톡 왕초보 영어회화 10분의 기적 기초패턴으로 말하기

어떤 사실에 대한 의견을 물을 때 쓰는 만능 패턴

Do you think ~?
~인 것 같아?

어떤 사실에 대한 상대의 의견을 물을 때 쓰는 패턴이에요. I think 패턴에서 I를 Do you로 바꾸기만 하면 상대의 의견을 묻는 말이 돼요. Do you think 패턴 뒤에 상대에게 의견을 묻고 싶은 사실을 넣어 말해보세요.

무료 강의 및
MP3 바로 듣기

Step 1
Do you think 패턴으로 미국인이 많이 쓰는 TOP 4 문장 따라 하며 말해보기

Q **Do you think** he knows?
그가 아는 것 같아?

사용빈도
약 23,568,000회

Q **Do you think** it'll be OK?
그것이 괜찮을 것 같아?

사용빈도
약 752,300회

Q **Do you think** he'll come?
그가 올 것 같아?

사용빈도
약 676,200회

Q **Do you think** this is right?
이것이 맞는 것 같아?

사용빈도
약 12,237,000회

💬 이런 말도 할 수 있어요.

Do you think [   ] ?
→ **it'll rain** 비가 올 것이다
   she's angry 그녀가 화나다

Step 2
이번에는 우리말만 보고 **Do you think** 패턴으로 문장 말해보기

| 그가 아는 것 같아? | 🎤 **Do you think** he knows? |

| 그것이 괜찮을 것 같아? | 🎤 |

| 그가 올 것 같아? | 🎤 |

| 이것이 맞는 것 같아? | 🎤 |

| 비가 올 것 같아? | 🎤 |

Step 3
Do you think 패턴이 들어간 실제 대화 따라 하며 말해보기

🎬 <호빗: 뜻밖의 여정>에서
그가 올 것 같은지에 대한 의견을 물을 때

Frodo
Do you think he'll come?
그가 올 것 같아요?

Bilbo
Yes. He won't miss the chance.
그럼. 그는 그 기회를 놓치지 않을 거란다.

상대에게 내 의견에 대한 동의를 구할 때 쓰는 만능 패턴

Don't you think ~?
~라고 생각하지 않아?

상대에게 내 의견에 대한 동의를 구할 때 쓰는 패턴이에요. 내가 맞다고 생각하는 사실에 대해 상대도 동일하게 생각하길 기대할 때 주로 써요. Don't you think 패턴 뒤에 상대의 동의를 구하고 싶은 내 의견을 넣어 말해보세요.

무료 강의 및
MP3 바로 듣기

Step 1
Don't you think 패턴으로 미국인이 많이 쓰는 TOP 4 문장 따라 하며 말해보기

Q **Don't you think** so?

앞서 언급한 내 생각과 상대의 생각이 동일하기를 기대할 때 써요.

그렇다고 생각하지 않아?

사용빈도
약 12,280,000회

Q **Don't you think** it's funny?

그것이 재미있다고 생각하지 않아?

사용빈도
약 5,637,000회

Q **Don't you think** it's too much?

그것은 너무 많다고 생각하지 않아?

사용빈도
약 3,445,000회

Q **Don't you think** we should go?

우리가 가야 한다고 생각하지 않아?

사용빈도
약 1,088,200회

💬 이런 말도 할 수 있어요.

Don't you think [   ] ?

→ **it's nice** 그것이 멋지다
it's boring 그것이 지루하다

---

too much 너무 많은 **boring** [보링] 지루한

Step 2
이번에는 우리말만 보고 **Don't you think** 패턴으로 문장 말해보기

그렇다고 생각하지 않아?　　　　　　🎤 **Don't you think** so?

그것이 재미있다고 생각하지 않아?　　🎤

그것은 너무 많다고 생각하지 않아?　　🎤

우리가 가야 한다고 생각하지 않아?　　🎤

그것이 멋지다고 생각하지 않아?　　　🎤

Step 3
Don't you think 패턴이 들어간 실제 대화 따라 하며 말해보기

💬 나와 같은 의견일 것 같은 사람에게
그렇게 생각하지 않냐고 동의를 구할 때

Jenny　**I think it's a good idea.**
그것이 좋은 아이디어인 것 같아.

　　　　Don't you think so?
그렇다고 생각하지 않아?

Kevin　**Yes. I agree with you.**
응. 나도 네 말에 동의해.

현재 상황이 어떤지 잘 알고 있다고 말할 때 쓰는 만능 패턴

I know it's ~

~라는 것을 알아

현재 상황이나 상태가 어떤지 충분히 잘 알고 있다고 말할 때 쓰는 패턴이에요. I know it's 패턴 뒤에 잘 알고 있는 현재 상태를 넣어 말해보세요.

무료 강의 및
MP3 바로 듣기

Step 1
I know it's 패턴으로 미국인이 많이 쓰는 TOP 4 문장 따라 하며 말해보기

🔍 **I know it's over.**   현재 상황상 달리 더 진행될 일이나, 할 수 있는
끝이 났다는 것을 알아.   일이 없는 상태라는 것을 알고 있을 때 써요.

사용빈도
약 2,669,400회

🔍 **I know it's crazy.**
말도 안 된다는 것을 알아.

사용빈도
약 1,130,200회

🔍 **I know it's difficult.**
어렵다는 것을 알아.

사용빈도
약 1,406,000회

🔍 **I know it's too late.**
너무 늦었다는 것을 알아.

사용빈도
약 3,129,000회

💬 이런 말도 할 수 있어요.

I know it's [   ].

→ **wrong** 틀린
serious 심각한

over [오붜] 끝이 난 difficult [디퓌컬트] 어려운 wrong [륑] 틀린 serious [씨뤼어스] 심각한

Step 2
이번에는 우리말만 보고 **I know it's** 패턴으로 문장 말해보기

| 끝이 났다는 것을 알아. | 🎤 **I know it's** over. |

| 말도 안 된다는 것을 알아. | 🎤 |

| 어렵다는 것을 알아. | 🎤 |

| 너무 늦었다는 것을 알아. | 🎤 |

| 틀렸다는 것을 알아. | 🎤 |

Step 3
I know it's 패턴이 들어간 실제 대화 따라 하며 말해보기

💬 더 이상 뛰지 못하겠다는 사람에게
어렵다는 것을 잘 알고 있다고 말할 때

Jenny
I can't run anymore.
나 더 이상 뛰지 못하겠어.

Kevin
I know it's difficult.
어렵다는 것을 알아.

But you can do it.
하지만 넌 할 수 있어.

어떤 일이 일어난 이유를 모르겠다고 말할 때 쓰는 만능 패턴

I don't know why ~

왜 ~인지 모르겠어

어떤 일이 일어난 이유를 모르겠다고 말할 때 쓰는 패턴이에요. 정말로 이유를 모를 때뿐만 아니라, 자신의 행동에 대해 후회한다는 의미로도 쓸 수 있어요. I don't know why 패턴 뒤에 이유를 알 수 없는 일이나 후회되는 자신의 행동을 넣어 말해보세요.

무료 강의 및
MP3 바로 듣기

Step 1
I don't know why 패턴으로 미국인이 많이 쓰는 TOP 4 문장 따라 하며 말해보기

🔍 **I don't know why I like this.**
왜 내가 이것을 좋아하는지 모르겠어.

사용빈도
약 21,596,000회

🔍 **I don't know why I love you.**
왜 내가 너를 사랑하는지 모르겠어.

사용빈도
약 16,030,000회

🔍 **I don't know why I said that.**
왜 내가 그것을 말했는지 모르겠어.

사용빈도
약 24,175,000회

🔍 **I don't know why that happened.**
왜 그 일이 일어났는지 모르겠어.

사용빈도
약 333,700회

💬 이런 말도 할 수 있어요.

I don't know why _____ .

↳ **I came here** 내가 여기 오다
there's a problem 문제가 하나 있다

happen [해픈] (일이) 일어나다

Step 2
이번에는 우리말만 보고 **I don't know why** 패턴으로 문장 말해보기

왜 내가 이것을 좋아하는지 모르겠어.   🎤 **I don't know why** I like this.

왜 내가 너를 사랑하는지 모르겠어.   🎤

왜 내가 그것을 말했는지 모르겠어.   🎤

왜 그 일이 일어났는지 모르겠어.   🎤

왜 내가 여기 왔는지 모르겠어.   🎤

Step 3
I don't know why 패턴이 들어간 실제 대화 따라 하며 말해보기

🎬 <반지의 제왕: 두 개의 탑>에서
그것을 말했던 이유를 모르겠다고 말할 때

Frodo   I'm sorry.
미안해.

I don't know why I said that.
왜 내가 그것을 말했는지 모르겠어.

Sam   It's because of the Ring.
절대 반지 때문이에요.

Day 31

내 말을 명확하게 다시 말할 때 쓰는 만능 패턴

I mean, ~

내 말은, ~라는 거야

내가 한 말을 상대가 잘 알아듣지 못한 것 같아서 다시 한번 명확하게 말할 때 쓰는 패턴이에요. mean은 '~라는 뜻이다'라는 의미예요. I mean 패턴 뒤에 명확하게 다시 전하고 싶은 말을 넣어 말해보세요.

무료 강의 및
MP3 바로 듣기

 Step 1
I mean, 패턴으로 미국인이 많이 쓰는 TOP 4 문장 따라 하며 말해보기

🔍 **I mean, it's OK.**
내 말은, 그것이 괜찮다는 거야.

사용빈도
약 786,600회

🔍 **I mean, I want this.**
내 말은, 내가 이것을 원한다는 거야.

사용빈도
약 15,883,000회

🔍 **I mean, you're right.**
내 말은, 네가 맞다는 거야.

사용빈도
약 4,145,000회

🔍 **I mean, it's a problem.**
내 말은, 그것이 문제라는 거야.

사용빈도
약 2,637,000회

💬 이런 말도 할 수 있어요.

I mean, ⬚ .

↳ **it's true** 그것이 사실이다
you can stay here 네가 여기에 머물러도 된다

problem [프라블럼] 문제 **stay** [스테이] 머물다

80 본 교재 무료 해설강의 HackersTalk.co.kr

Step 2

이번에는 우리말만 보고 **I mean,** 패턴으로 문장 말해보기

| 내 말은, 그것이 괜찮다는 거야. | 🎤 **I mean,** it's OK. |

| 내 말은, 내가 이것을 원한다는 거야. | 🎤 |

| 내 말은, 네가 맞다는 거야. | 🎤 |

| 내 말은, 그것이 문제라는 거야. | 🎤 |

| 내 말은, 그것이 사실이라는 거야. | 🎤 |

Step 3

I mean, 패턴이 들어간 실제 대화 따라 하며 말해보기

💬 다시 한번 사과하는 사람에게

괜찮다고 명확하게 다시 말할 때

Jenny
I'm really sorry again.
다시 한번 정말 미안해.

Kevin
I mean, it's OK.
내 말은, 그것이 괜찮다는 거야.

Don't be sorry.
미안해하지 마.

내 행동의 의도를 바로잡아 말할 때 쓰는 만능 패턴

I didn't mean to ~

~하려는 의도는 아니었어

내 행동의 의도가 어떤 것이 아니었다고 말할 때 쓰는 패턴이에요. 내가 한 행동 때문에 상대가 상처를 받거나 실망한 것처럼 보일 때, 사과 또는 변명을 하기 위해 주로 써요. I didn't mean to 패턴 뒤에 내가 의도하지 않았던 일을 넣어 말해보세요.

무료 강의 및
MP3 바로 듣기

Step 1
I didn't mean to 패턴으로 미국인이 많이 쓰는 TOP 4 문장 따라 하며 말해보기

🔍 **I didn't mean to do that.**
그렇게 하려는 의도는 아니었어.

> 내가 나쁜 의도로 어떤 행동을 했다고 생각하는 상대에게
> 그러려던 것은 아니었다고 변명할 때 써요.

사용빈도
약 15,988,000회

🔍 **I didn't mean to say that.**
그것을 말하려는 의도는 아니었어.

사용빈도
약 22,270,000회

🔍 **I didn't mean to be rude.**
무례하게 굴려는 의도는 아니었어.

사용빈도
약 378,600회

🔍 **I didn't mean to hurt you.**
네게 상처를 주려는 의도는 아니었어.

사용빈도
약 712,000회

💬 이런 말도 할 수 있어요.

I didn't mean to ⬜⬜⬜⬜⬜ .

→ **bother you** 너를 귀찮게 하다
let you down 너를 실망시키다

---

rude [루드] 무례한 hurt [헐트] 상처를 주다 bother [바더] 귀찮게 하다 let you down 너를 실망시키다

Step 2

이번에는 우리말만 보고 **I didn't mean to** 패턴으로 문장 말해보기

그렇게 하려는 의도는 아니었어.   🎤   **I didn't mean to** do that.

그것을 말하려는 의도는 아니었어.   🎤

무례하게 굴려는 의도는 아니었어.   🎤

네게 상처를 주려는 의도는 아니었어.   🎤

너를 귀찮게 하려는 의도는 아니었어.   🎤

Step 3

I didn't mean to 패턴이 들어간 실제 대화 따라 하며 말해보기

💬 무례했다고 나무라는 사람에게

무례하게 굴려는 의도는 아니었다고 바로잡아 말할 때

Kevin   You were very rude yesterday.
너 어제 아주 무례했어.

Jenny   I'm sorry.
미안해.

I didn't mean to be rude.
무례하게 굴려는 의도는 아니었어.

I like 패턴

상대의 무언가를 칭찬할 때 쓰는 만능 패턴

I like your ~

너의 ~가 마음에 들어

상대가 소유한 무언가를 칭찬할 때 쓰는 패턴이에요. I like your를 그대로 해석하면 "나는 너의 ~가 좋아."라는 뜻으로, "나는 너의 ~가 마음에 들어."라는 의미가 돼요. I like your 패턴 뒤에 칭찬하고 싶은 점을 넣어 말해보세요.

무료 강의 및
MP3 바로 듣기

Step 1
I like your 패턴으로 미국인이 많이 쓰는 TOP 4 문장 따라 하며 말해보기

Q **I like your idea.**
너의 아이디어가 마음에 들어.

사용빈도
약 1,265,000회 ↖

Q **I like your smile.**
너의 미소가 마음에 들어.

사용빈도
약 1,135,200회 ↖

Q **I like your name.**
너의 이름이 마음에 들어.

사용빈도
약 15,970,000회 ↖

Q **I like your clothes.**
너의 옷이 마음에 들어.

사용빈도
약 1,024,700회 ↖

💬 이런 말도 할 수 있어요.

I like your [   ] .

└→ **shoes** 신발
attitude 태도

attitude [애티튜드] 태도

Step 2
이번에는 우리말만 보고 **I like your** 패턴으로 문장 말해보기

| 너의 아이디어가 마음에 들어. | 🎤 **I like your** idea. |

너의 미소가 마음에 들어. 🎤

너의 이름이 마음에 들어. 🎤

너의 옷이 마음에 들어. 🎤

너의 신발이 마음에 들어. 🎤

Step 3
I like your 패턴이 들어간 실제 대화 따라 하며 말해보기

💬 멋진 옷을 입은 사람에게
네 옷이 마음에 든다고 칭찬할 때

Jenny **I like your** clothes.
너의 옷이 마음에 들어.

Kevin Thank you.
고마워.

This shirt is new.
이 셔츠는 새것이야.

어떤 일을 하는 것을 좋아한다고 말할 때 쓰는 만능 패턴

I like to ~

나 ~하는 것 좋아해

내가 어떤 일을 하는 것을 좋아한다고 말할 때 쓰는 패턴이에요. 취미나 즐겨 하는 일을 말할 때 주로 써요. I like to 패턴 뒤에 좋아하는 일을 넣어 말해보세요.

무료 강의 및
MP3 바로 듣기

Step 1
I like to 패턴으로 미국인이 많이 쓰는 TOP 4 문장 따라 하며 말해보기

Q **I like to** travel.
나 여행하는 것 좋아해.

사용빈도
약 30,159,000회 ↖

Q **I like to** read a book.
나 책 읽는 것 좋아해.

사용빈도
약 14,066,000회 ↖

Q **I like to** listen to music.
나 음악 듣는 것 좋아해.

사용빈도
약 4,728,600회 ↖

Q **I like to** try new things.
나 새로운 것들을 시도하는 것 좋아해.

사용빈도
약 2,116,000회 ↖

💬 이런 말도 할 수 있어요.

I like to [   ] .

→ **swim** 수영하다
watch a movie 영화를 보다

---

travel [트레블] 여행하다

Step 2
이번에는 우리말만 보고 **I like to** 패턴으로 문장 말해보기

나 여행하는 것 좋아해.	🎤 **I like to** travel.

나 책 읽는 것 좋아해. 🎤

나 음악 듣는 것 좋아해. 🎤

나 새로운 것들을 시도하는 것 좋아해. 🎤

나 수영하는 것 좋아해. 🎤

Step 3
I like to 패턴이 들어간 실제 대화 따라 하며 말해보기

🎥 <죠스 4>에서

여행하는 것을 좋아한다고 말할 때

Ellen You use a lot of vacation days.
너는 휴가를 많이 쓰는구나.

Hoagie **I like to** travel.
나 여행하는 것 좋아해.

(세로 텍스트) Day 34 해커스톡 왕초보 영어회화 10분의 기적 기초패턴으로 말하기

어떤 일을 하는 것을 좋아하지 않는다고 말할 때 쓰는 만능 패턴

I don't like to ~

나 ~하는 것 좋아하지 않아

내가 어떤 일을 하는 것을 좋아하지 않는다고 말할 때 쓰는 패턴이에요. I like to 패턴에 don't만 붙이면 어떤 일을 하는 것을 좋아하지 않는다는 의미가 돼요. I don't like to 패턴 뒤에 하고 싶지 않은 일을 넣어 말해보세요.

무료 강의 및
MP3 바로 듣기

 Step 1
I don't like to 패턴으로 미국인이 많이 쓰는 TOP 4 문장 따라 하며 말해보기

Q **I don't like to** wait.
나 기다리는 것 좋아하지 않아.

사용빈도
약 17,696,710회

Q **I don't like to** cook.
나 요리하는 것 좋아하지 않아.

사용빈도
약 18,971,473회

Q **I don't like to** drive.
나 운전하는 것 좋아하지 않아.

사용빈도
약 16,146,000회

Q **I don't like to** study.
나 공부하는 것 좋아하지 않아.

사용빈도
약 25,204,000회

이런 말도 할 수 있어요.

I don't like to [　　　　　　].
↳ dance 춤추다
exercise 운동하다

exercise [엑설싸이즈] 운동하다

Step 2

이번에는 우리말만 보고 **I don't like to** 패턴으로 문장 말해보기

| 나 기다리는 것 좋아하지 않아. | 🎤 **I don't like to** wait. |

| 나 요리하는 것 좋아하지 않아. | 🎤 |

| 나 운전하는 것 좋아하지 않아. | 🎤 |

| 나 공부하는 것 좋아하지 않아. | 🎤 |

| 나 춤추는 것 좋아하지 않아. | 🎤 |

Step 3

I don't like to 패턴이 들어간 실제 대화 따라 하며 말해보기

💬 요리를 자주 하는지 묻는 사람에게

요리하는 것을 좋아하지 않는다고 말할 때

Jenny
Do you often cook at home?
너 집에서 자주 요리해?

Kevin
No, I don't.
아니, 안 해.

I don't like to cook.
나 요리하는 것 좋아하지 않아.

Day 36

현재 상황에 대한 느낌을 비유적으로 말할 때 쓰는 만능 패턴

It's like ~

마치 ~ 같아

현재의 상황이 어떻게 느껴지는지를 다른 대상에 비유해 말할 때 쓰는 패턴이에요. 이때 like는 '마치 ~과 같은'이라는 의미예요. It's like 패턴 뒤에 현재 상황에 대한 느낌을 비유할 대상을 넣어 말해보세요.

무료 강의 및
MP3 바로 듣기

Step 1
It's like 패턴으로 미국인이 많이 쓰는 TOP 4 문장 따라 하며 말해보기

Q **It's like** a movie.
마치 영화 같아.

> 지금 일어나는 일이 마치 영화와 같이 현실적이지 않다는 의미로 써요.

사용빈도
약 16,200,000회

Q **It's like** a dream.
마치 꿈 같아.

사용빈도
약 15,920,000회

Q **It's like** a miracle.
마치 기적 같아.

사용빈도
약 4,987,000회

Q **It's like** a nightmare.
마치 악몽 같아.

사용빈도
약 5,443,000회

💬 이런 말도 할 수 있어요.

It's like [   ].

↳ **magic** 마법
summer 여름

---

miracle [미러클] 기적　nightmare [나이트매어] 악몽

Step 2
이번에는 우리말만 보고 **It's like** 패턴으로 문장 말해보기

마치 영화 같아.	🎤 **It's like** a movie.

마치 꿈 같아. 🎤

마치 기적 같아. 🎤

마치 악몽 같아. 🎤

마치 마법 같아. 🎤

Step 3
It's like 패턴이 들어간 실제 대화 따라 하며 말해보기

🎬 <브레이킹 던 part1>에서
기적 같다고 비유적으로 말할 때

Bella
> **It's like** a miracle.
> 마치 기적 같아.
>
> I can feel him.
> 나는 그를 느낄 수 있어.

Jacob
> So it's a baby boy.
> 그럼 남자아이구나.

들은 내용에 대한 의견을 말할 때 쓰는 만능 패턴

It sounds like ~

~인 것처럼 들려

들은 내용에 대한 나의 의견이나 인상을 말할 때 쓰는 패턴이에요. sound like는 '마치 ~처럼 들리다'라는 의미예요. It sounds like 패턴 뒤에 들은 사실이나 제안에 대한 의견을 넣어 말해보세요.

무료 강의 및
MP3 바로 듣기

Step 1
It sounds like 패턴으로 미국인이 많이 쓰는 TOP 4 문장 따라 하며 말해보기

Q **It sounds like** fun.
재미있는 것처럼 들려.

사용빈도
약 538,600회 ↖

Q **It sounds like** a problem.
문제인 것처럼 들려.

> 어떤 상황이나 사건이 문제가 될
> 것 같다는 의미로 말할 때 써요.

사용빈도
약 14,730,000회 ↖

Q **It sounds like** an excuse.
핑계인 것처럼 들려.

사용빈도
약 397,200회 ↖

Q **It sounds like** a good idea.
좋은 아이디어인 것처럼 들려.

사용빈도
약 17,927,000회 ↖

💬 이런 말도 할 수 있어요.

It sounds like [   ] .

→ **hard work** 어려운 일
a good chance 좋은 기회

---

excuse [익스큐즈] 핑계, 변명   **chance** [첸스] 기회

Step 2
이번에는 우리말만 보고 **It sounds like** 패턴으로 문장 말해보기

| 재미있는 것처럼 들려. | 🎤 **It sounds like** fun. |

| 문제인 것처럼 들려. | 🎤 |

| 핑계인 것처럼 들려. | 🎤 |

| 좋은 아이디어인 것처럼 들려. | 🎤 |

| 어려운 일인 것처럼 들려. | 🎤 |

Step 3
It sounds like 패턴이 들어간 실제 대화 따라 하며 말해보기

💬 워터파크에 가고 싶다는 사람에게

재미있을 것 같다는 의견을 말할 때

Jenny   I want to go to a water park.
나 워터파크에 가고 싶어.

Kevin   Me too.
나도.

It sounds like fun.
재미있는 것처럼 들려.

어떤 일을 하고 싶다고 정중히 말할 때 쓰는 만능 패턴

I'd like to ~

~하고 싶어요

어떤 일을 하고 싶다고 정중하게 말할 때 쓰는 패턴이에요. 이때 I'd like to는
I would like to의 줄임말이고, would like to는 '~하고 싶다'라는 의미예요.
처음 만났거나 격식을 갖춰야 하는 사람에게 말할 때 주로 써요. I'd like to 패
턴 뒤에 하고 싶은 일을 넣어 말해보세요.

무료 강의 및
MP3 바로 듣기

 Step 1
I'd like to 패턴으로 미국인이 많이 쓰는 TOP 4 문장 따라 하며 말해보기

Q **I'd like to know.**
알고 싶어요.

사용빈도
약 228,060,000회 ↖

Q **I'd like to order.**
주문하고 싶어요.

사용빈도
약 25,210,000회 ↖

Q **I'd like to ask you.**
당신에게 묻고 싶어요.

사용빈도
약 12,900,000회 ↖

Q **I'd like to thank you.**
당신에게 감사하고 싶어요.

사용빈도
약 13,170,000회 ↖

💬 이런 말도 할 수 있어요.

I'd like to [   ].

↳ **say hello to him** 그에게 인사하다
make a reservation 예약하다

---

make a reservation 예약하다

Step 2
이번에는 우리말만 보고 **I'd like to** 패턴으로 문장 말해보기

| 알고 싶어요. | 🎙 **I'd like to** know. |

| 주문하고 싶어요. | 🎙 |

| 당신에게 묻고 싶어요. | 🎙 |

| 당신에게 감사하고 싶어요. | 🎙 |

| 그에게 인사하고 싶어요. | 🎙 |

Step 3
I'd like to 패턴이 들어간 실제 대화 따라 하며 말해보기

💬 식당 직원에게

주문하고 싶다고 정중히 말할 때

Kevin Excuse me.
실례합니다.

I'd like to order.
주문하고 싶어요.

Waiter I'll be right there.
제가 바로 그쪽으로 갈게요.

어떤 일을 하고 싶은지 공손하게 물을 때 쓰는 만능 패턴

Would you like to ~?

~하시겠어요?

어떤 일을 하고 싶은지 상대의 의사를 공손하게 물을 때 쓰는 패턴이에요.
Would you like to 패턴 뒤에 상대가 하고 싶은지 물을 일을 넣어 말해보
세요.

무료 강의 및
MP3 바로 듣기

 Step 1
Would you like to 패턴으로 미국인이 많이 쓰는 TOP 4 문장 따라 하며 말해보기

Q **Would you like to eat?**
드시겠어요?

사용빈도
약 26,710,000회

Q **Would you like to see?**
보시겠어요?

사용빈도
약 197,700,000회

Q **Would you like to join us?**
우리와 함께 하시겠어요?

사용빈도
약 6,166,000회

Q **Would you like to sign up?**
등록하시겠어요?

사용빈도
약 18,717,000회

💬 이런 말도 할 수 있어요.

Would you like to [   ] ?

→ **say anything** 무언가 말하다
drink something 무언가 마시다

join [조인] 함께 하다 sign up 등록하다

Step 2

이번에는 우리말만 보고 **Would you like to** 패턴으로 문장 말해보기

| 드시겠어요? | 🎤 **Would you like to** eat? |

| 보시겠어요? | 🎤 |

| 우리와 함께 **하시겠어요?** | 🎤 |

| 등록**하시겠어요?** | 🎤 |

| 무언가 말씀**하시겠어요?** | 🎤 |

Step 3

Would you like to 패턴이 들어간 실제 대화 따라 하며 말해보기

🎬 <헝거게임: 판엠의 불꽃>에서

보고 싶은지 공손하게 물을 때

Katniss
Would you like to see?
보시겠어요?

Caesar
Wait.
기다려요.

Is it safe?
그것은 안전한가요?

Can I / I can't 패턴

Day 40

무언가를 해 달라고 하거나 달라고 요청할 때 쓰는 만능 패턴

Can I get ~? ~(해) 줄 수 있어요?

Day 41

무언가를 가져다주겠다고 제안할 때 쓰는 만능 패턴

Can I get you ~? ~ 가져다줄까요?

Day 42

상대에게 어떤 일을 할 수 없는지 물을 때 쓰는 만능 패턴

Can't you ~? 안/못 ~해?

Day 43

어떤 것을 갖거나 먹어도 된다고 말할 때 쓰는 만능 패턴

You can have ~ ~ 가져도/먹어도 돼

Day 44

무언가가 생각나지 않는다고 말할 때 쓰는 만능 패턴

I can't think of ~ ~이 생각나지 않아

Day 45

빨리 어떤 일을 하고 싶다고 말할 때 쓰는 만능 패턴

I can't wait to ~ 빨리 ~하고 싶어

Day 46

무언가를 견디기 힘들다고 말할 때 쓰는 만능 패턴

I can't stand ~ ~을 견딜 수 없어

Day 47

어떤 가능성이 없다고 강하게 말할 때 쓰는 만능 패턴

It can't be ~ 그게 ~일 리가 없어

무언가를 해 달라고 하거나 달라고 요청할 때 쓰는 만능 패턴

Can I get ~?

~(해) 줄 수 있어요?

상대에게 어떤 일을 해 달라고 하거나 무언가를 달라고 요청할 때 쓰는 패턴이에요. 이때 get은 '받다, 얻다'라는 뜻으로, get 뒤에 오는 것을 달라고 하거나 해 달라는 의미를 모두 가질 수 있어요. Can I get 패턴 뒤에 해 달라고 요청할 일이나 받기 원하는 것을 넣어 말해보세요.

무료 강의 및
MP3 바로 듣기

Step 1
Can I get 패턴으로 미국인이 많이 쓰는 TOP 4 문장 따라 하며 말해보기

Q **Can I get** a ride?
태워 줄 수 있어요?

> ride는 '(자동차 등에) 타는 것'이라는 뜻으로 "타는 것을 얻을 수 있어요?" 즉, "태워 줄 수 있어요?"라는 뜻으로 써요.

사용빈도
약 3,855,000회

Q **Can I get** a refund?
환불해 줄 수 있어요?

사용빈도
약 4,344,000회

Q **Can I get** a discount?
할인해 줄 수 있어요?

사용빈도
약 2,558,000회

Q **Can I get** more water?
물 더 줄 수 있어요?

사용빈도
약 667,200회

💬 이런 말도 할 수 있어요.

Can I get [   ] ?

→ **some salt** 약간의 소금
more food 더 많은 음식

---

ride [라이드] (자동차 등에) 타는 것 refund [뤼펀드] 환불 discount [디스카운트] 할인

Step 2

이번에는 우리말만 보고 **Can I get** 패턴으로 문장 말해보기

| 태워 줄 수 있어요? | 🎤 **Can I get** a ride? |

환불해 줄 수 있어요? 🎤

할인해 줄 수 있어요? 🎤

물 더 줄 수 있어요? 🎤

약간의 소금을 줄 수 있어요? 🎤

Step 3

Can I get 패턴이 들어간 실제 대화 따라 하며 말해보기

💬 운전해서 서울로 갈 거라는 사람에게

태워 달라고 요청할 때

Jenny I'll drive to Seoul tomorrow.
저 내일 서울로 운전해서 갈 거예요.

Kevin Really?
정말요?

Can I get a ride?
태워 줄 수 있어요?

무언가를 가져다주겠다고 제안할 때 쓰는 만능 패턴

Can I get you ~?

~ 가져다줄까요?

상대에게 무언가를 가져다주겠다고 제안할 때 쓰는 패턴이에요. Can I get 패턴에 you를 붙이면 상대를 위해 무언가를 가져다주기를 원하는지 묻는 말이 돼요. Can I get you 패턴 뒤에 상대에게 가져다주겠다고 제안할 것을 넣어 말해보세요.

무료 강의 및
MP3 바로 듣기

Step 1
Can I get you 패턴으로 미국인이 많이 쓰는 TOP 4 문장 따라 하며 말해보기

Q **Can I get you** a drink?
마실 것 가져다줄까요?

사용빈도
약 1,436,200회

Q **Can I get you** a chair?
의자 가져다줄까요?

사용빈도
약 450,800회

Q **Can I get you** a towel?
수건 가져다줄까요?

사용빈도
약 747,800회

Q **Can I get you** anything?
뭐 좀 가져다줄까요?

사용빈도
약 3,468,400회

💬 이런 말도 할 수 있어요.

Can I get you ⬚⬚⬚⬚⬚⬚⬚⬚⬚⬚ ?

→ **a snack** 간식
more coffee 더 많은 커피

---

drink [드링크] 마실 것, 음료

Step 2
이번에는 우리말만 보고 **Can I get you** 패턴으로 문장 말해보기

| 마실 것 가져다줄까요? | 🎙 **Can I get you** a drink? |

| 의자 가져다줄까요? | 🎙 |

| 수건 가져다줄까요? | 🎙 |

| 뭐 좀 가져다줄까요? | 🎙 |

| 간식 가져다줄까요? | 🎙 |

Step 3
Can I get you 패턴이 들어간 실제 대화 따라 하며 말해보기

🎬 <다이 하드 1>에서
무엇을 좀 가져다주겠다고 제안할 때

Joseph
Can I get you anything?
뭐 좀 가져다줄까요?

John
No, thank you.
아니에요, 괜찮아요.

Day 42

상대에게 어떤 일을 할 수 없는지 물을 때 쓰는 만능 패턴

Can't you ~?

안/못 ~해?

상대에게 어떤 일을 할 수 없는지 물을 때 쓰는 패턴이에요. 상대가 할 수 있거나, 해야 한다고 기대되는 일을 못하는 것에 대한 안타까움이나 놀라움을 나타낼 때도 쓸 수 있어요. Can't you 패턴 뒤에 상대가 할 수 없는지 물을 행동을 넣어 말해보세요.

무료 강의 및
MP3 바로 듣기

Step 1
Can't you 패턴으로 미국인이 많이 쓰는 TOP 4 문장 따라 하며 말해보기

🔍 **Can't you see that?**
저것이 안 보여?

사용빈도
약 20,470,000회

상대가 볼 수 있을 거라고 기대하는 어떤 것을 못 본다는 것에 대한 안타까움이나 놀라움을 표현할 때 써요.

🔍 **Can't you hear me?**
내 말 안 들려?

사용빈도
약 4,862,000회

🔍 **Can't you just stop?**
그냥 못 멈춰?

사용빈도
약 3,421,000회

🔍 **Can't you do better?**
더 잘하지 못해?

사용빈도
약 5,446,000회

💬 이런 말도 할 수 있어요.

Can't you [   ] ?
→ **help me** 나를 도와주다
come early 일찍 오다

better [베러] 더 잘, 더 좋게 **early** [얼리] 일찍

Step 2

이번에는 우리말만 보고 **Can't you** 패턴으로 문장 말해보기

저것이 **안 보여**?	🎤 **Can't you** see that?

내 말 **안 들려**? 🎤

그냥 **못 멈춰**? 🎤

더 잘하지 **못해**? 🎤

나를 못 도와줘? 🎤

Step 3

Can't you 패턴이 들어간 실제 대화 따라 하며 말해보기

💬 아무것도 안 들리는 것 같은 사람에게

내 말을 들을 수 없는지 물을 때

Kevin   Hello? Hello?
여보세요? 여보세요?

Can't you hear me?
내 말 안 들려?

Jenny   Hello? I can't hear anything.
여보세요? 나 아무것도 안 들려.

어떤 것을 갖거나 먹어도 된다고 말할 때 쓰는 만능 패턴

You can have ~

~ 가져도/먹어도 돼

상대에게 어떤 물건을 가져도 되거나, 어떤 음식을 먹어도 된다고 호의를 베풀며 말할 때 쓰는 패턴이에요. 이때 have는 '가지다'와 '먹다'라는 의미를 모두 갖고 있어요. You can have 패턴 뒤에 상대에게 갖거나 먹어도 된다고 말할 것을 넣어 말해보세요.

무료 강의 및
MP3 바로 듣기

Step 1
You can have 패턴으로 미국인이 많이 쓰는 TOP 4 문장 따라 하며 말해보기

Q **You can have** it.
그것을 가져도 돼.

사용빈도
약 64,010,000회

Q **You can have** mine.
내 것을 가져도 돼.

사용빈도
약 725,700회

Q **You can have** more time.
시간을 더 가져도 돼.

사용빈도
약 25,754,000회

Q **You can have** some coffee.
커피를 좀 먹어도 돼.

사용빈도
약 423,100회

💬 이런 말도 할 수 있어요.

You can have [   ] .

↳ **the books** 그 책들
some candy 약간의 사탕

---

mine [마인] 내 것

Step 2

이번에는 우리말만 보고 **You can have** 패턴으로 문장 말해보기

| 그것을 가져도 돼. | 🎤 **You can have** it. |

| 내 것을 가져도 돼. | 🎤 |

| 시간을 더 가져도 돼. | 🎤 |

| 커피를 좀 먹어도 돼. | 🎤 |

| 그 책들을 가져도 돼. | 🎤 |

Step 3

You can have 패턴이 들어간 실제 대화 따라 하며 말해보기

💬 펜이 없는 사람에게

내 것을 가져도 된다고 말할 때

Kevin　　I don't have a pen.
　　　　　　나 펜이 없어.

Jenny　　**You can have** mine.
　　　　　　내 것을 가져도 돼.

　　　　　　I don't need it.
　　　　　　난 그것이 필요하지 않아.

무언가가 생각나지 않는다고 말할 때 쓰는 만능 패턴

I can't think of ~
~이 생각나지 않아

생각해내려는 무언가가 떠오르지 않는다고 말할 때 쓰는 패턴이에요. I can't think of를 그대로 해석하면 "나 ~에 대해 생각할 수 없어."라는 뜻으로, "나 ~이 생각나지 않아."라는 의미가 돼요. I can't think of 패턴 뒤에 생각나지 않는 것을 넣어 말해보세요.

무료 강의 및
MP3 바로 듣기

Step 1
I can't think of 패턴으로 미국인이 많이 쓰는 TOP 4 문장 따라 하며 말해보기

🔍 **I can't think of one.**
한 가지도 생각나지 않아.

> 상대의 질문에 답해 줄 수 있는 것을 하나도 생각해 내기 어려울 때 써요.

사용빈도
약 41,360,000회

🔍 **I can't think of his name.**
그의 이름이 생각나지 않아.

사용빈도
약 14,722,000회

🔍 **I can't think of a solution.**
해결책이 생각나지 않아.

사용빈도
약 15,260,000회

🔍 **I can't think of a good reason.**
좋은 이유가 생각나지 않아.

사용빈도
약 14,863,000회

💬 이런 말도 할 수 있어요.

I can't think of ☐☐☐☐☐ .

↳ **a better idea** 더 좋은 아이디어
a better plan 더 좋은 계획

---

solution [쏠루션] 해결책 reason [뤼즌] 이유 better [베러] 더 좋은 plan [플랜] 계획

Step 2
이번에는 우리말만 보고 **I can't think of** 패턴으로 문장 말해보기

한 가지도 생각나지 않아. 　🎤　**I can't think of** one.

그의 이름이 생각나지 않아. 　🎤

해결책이 생각나지 않아. 　🎤

좋은 이유가 생각나지 않아. 　🎤

더 좋은 아이디어가 생각나지 않아. 　🎤

Step 3
I can't think of 패턴이 들어간 실제 대화 따라 하며 말해보기

💬 도움을 받을 수 있을 것 같은 사람에게
해결책이 생각나지 않는다고 말할 때

Jenny　**Can you help me with my problem?**
내 문제를 도와줄 수 있어?

I can't think of a solution.
해결책이 생각나지 않아.

Kevin　**OK. I'll try to help.**
그래. 내가 도우려고 노력해볼게.

빨리 어떤 일을 하고 싶다고 말할 때 쓰는 만능 패턴

I can't wait to ~

빨리 ~하고 싶어

간절히 바라는 어떤 일을 빨리하고 싶다고 말할 때 쓰는 패턴이에요. I can't wait to를 그대로 해석하면 "나는 ~하는 것을 기다릴 수 없어."라는 뜻으로, "나 ~을 빨리하고 싶어."라는 의미가 돼요. I can't wait to 패턴 뒤에 몹시 바라는 일을 넣어 말해보세요.

무료 강의 및
MP3 바로 듣기

Step 1
I can't wait to 패턴으로 미국인이 많이 쓰는 TOP 4 문장 따라 하며 말해보기

🔍 **I can't wait to see you.**
빨리 너를 보고 싶어.

사용빈도 ↖
약 26,898,000회

🔍 **I can't wait to be there.**
빨리 거기 있고 싶어.

사용빈도 ↖
약 15,408,000회

🔍 **I can't wait to go to bed.**
빨리 자러 가고 싶어.

사용빈도 ↖
약 7,785,000회

🔍 **I can't wait to watch the movie.**
빨리 그 영화를 보고 싶어.

사용빈도 ↖
약 5,617,000회

💬 이런 말도 할 수 있어요.

I can't wait to [   ].
⮡ **taste it** 그것을 맛보다
take a shower 샤워하다

go to bed 자러 가다   take a shower 샤워하다

Step 2

이번에는 우리말만 보고 **I can't wait to** 패턴으로 문장 말해보기

| 빨리 너를 보고 싶어. | 🎤 **I can't wait to** see you. |

| 빨리 거기 있고 싶어. | 🎤 |

| 빨리 자러 가고 싶어. | 🎤 |

| 빨리 그 영화를 보고 싶어. | 🎤 |

| 빨리 그것을 맛보고 싶어. | 🎤 |

Step 3

I can't wait to 패턴이 들어간 실제 대화 따라 하며 말해보기

💬 나를 방문하기로 한 사람에게
빨리 보고 싶다고 말할 때

Jenny   **I'll visit you next week.**
다음 주에 너를 방문할게.

Kevin   **Really?**
정말?

I can't wait to see you.
빨리 너를 보고 싶어.

무언가를 견디기 힘들다고 말할 때 쓰는 만능 패턴

I can't stand ~
~을 견딜 수 없어

무언가를 너무 싫어하거나, 그것에 취약해서 견딜 수 없다고 말할 때 쓰는 패턴이에요. 이때 stand는 '견디다'라는 의미예요. I can't stand 패턴 뒤에 견디기 힘든 대상을 넣어 말해보세요.

무료 강의 및
MP3 바로 듣기

Step 1
I can't stand 패턴으로 미국인이 많이 쓰는 TOP 4 문장 따라 하며 말해보기

Q **I can't stand** this guy.
이 사람을 견딜 수 없어.

사용빈도
약 189,900회

Q **I can't stand** the noise.
그 소음을 견딜 수 없어.

사용빈도
약 228,200회

Q **I can't stand** the music.
그 음악을 견딜 수 없어.

사용빈도
약 553,400회

Q **I can't stand** it anymore.
더 이상 그것을 견딜 수 없어.

사용빈도
약 323,400회

이런 말도 할 수 있어요.

I can't stand ☐ .

→ **the smell** 그 냄새
cold weather 추운 날씨

noise [노이즈] 소음 **anymore** [애니모어] 더 이상

Step 2

이번에는 우리말만 보고 **I can't stand** 패턴으로 문장 말해보기

| 이 사람을 견딜 수 없어. | 🎤 **I can't stand** this guy. |

| 그 소음을 견딜 수 없어. | 🎤 |

| 그 음악을 견딜 수 없어. | 🎤 |

| 더 이상 그것을 견딜 수 없어. | 🎤 |

| 그 냄새를 견딜 수 없어. | 🎤 |

Step 3

I can't stand 패턴이 들어간 실제 대화 따라 하며 말해보기

💬 사람 많은 카페에 가자는 사람에게

소음을 견디기 힘들다고 말할 때

Jenny
I want to go to that café.
나 저 카페에 가고 싶어.

Kevin
That café is too crowded.
그 카페는 너무 붐벼.

I can't stand the noise.
그 소음을 견딜 수 없어.

어떤 가능성이 없다고 강하게 말할 때 쓰는 만능 패턴

It can't be ~

그게 ~일 리가 없어

앞서 언급된 내용이 어떠할 가능성이 없다고 강하게 말할 때 쓰는 패턴이에요. 이때 can't는 '~일 리가 없다'라는 뜻으로, 어떤 가능성을 강하게 부정하는 의미가 돼요. It can't be 패턴 뒤에 가능성이 없다고 단정할 상태를 넣어 말해보세요.

무료 강의 및
MP3 바로 듣기

Step 1
It can't be 패턴으로 미국인이 많이 쓰는 TOP 4 문장 따라 하며 말해보기

🔍 **It can't be** true. | 앞서 언급된 내용이 사실일 가능성이 없다고 강하게 부정할 때 써요. | 사용빈도 약 18,520,000회

그게 사실일 리가 없어.

🔍 **It can't be** easy. | 사용빈도 약 8,385,090회

그게 쉬울 리가 없어.

🔍 **It can't be** possible. | 사용빈도 약 13,652,000회

그게 가능할 리가 없어.

🔍 **It can't be** any better. | 사용빈도 약 3,782,000회

그게 조금도 더 나을 리가 없어.

💬 이런 말도 할 수 있어요.

It can't be [   ].

→ **wrong** 틀린
too expensive 너무 비싼

---

true [트루] 사실인 possible [파써블] 가능한 better [베러] 더 나은

Step 2
이번에는 우리말만 보고 **It can't be** 패턴으로 문장 말해보기

| 그게 사실일 리가 없어. | 🎤 **It can't be** true. |

| 그게 쉬울 리가 없어. | 🎤 |

| 그게 가능할 리가 없어. | 🎤 |

| 그게 조금도 더 나을 리가 없어. | 🎤 |

| 그게 틀릴 리가 없어. | 🎤 |

Step 3
It can't be 패턴이 들어간 실제 대화 따라 하며 말해보기

💬 그림의 작가가 피카소라는 사람에게

그게 사실일 가능성이 없다고 강하게 말할 때

Jenny
That's a Picasso painting.
저건 피카소 그림이야.

Kevin
It can't be true.
그게 사실일 리가 없어.

The real one is in a museum.
진짜는 박물관에 있어.

It's 패턴

Day 48
중요하지 않거나 큰 의미가 없는 일이라고 말할 때 쓰는 만능 패턴
It's just ~ 그냥 ~일 뿐이야

Day 49
사소하거나 단순한 어떤 것이 아니라고 말할 때 쓰는 만능 패턴
It's not just ~ 그냥 ~이 아니야

Day 50
어떤 일을 하게 돼서 좋다고 말할 때 쓰는 만능 패턴
It's nice to ~ ~하게 돼서 좋아

Day 51
어떤 일을 해야 할 때라고 말할 때 쓰는 만능 패턴
It's time to ~ 이제 ~할 때야

Day 52
어떤 일을 하기 어렵다고 말할 때 쓰는 만능 패턴
It's hard to ~ ~하기 어려워

Day 53
무언가가 가치가 있다고 말할 때 쓰는 만능 패턴
It's worth ~ ~할 만한 가치가 있어

중요하지 않거나 큰 의미가 없는 일이라고 말할 때 쓰는 만능 패턴

It's just ~

그냥 ~일 뿐이야

무언가가 별로 중요하지 않거나, 큰 의미가 없는 일이라는 의도로 말할 때 쓰는 패턴이에요. just는 '그냥, 단순히'라는 뜻이에요. It's just 패턴 뒤에 중요하지 않거나 큰 의미가 없는 일이라고 말할 대상을 넣어 말해보세요.

무료 강의 및
MP3 바로 듣기

 Step 1
It's just 패턴으로 미국인이 많이 쓰는 TOP 4 문장 따라 하며 말해보기

Q **It's just a cold.**
그냥 감기일 뿐이야.

사용빈도
약 16,969,000회 ↖

Q **It's just a game.**
그냥 게임일 뿐이야.

사용빈도
약 21,510,000회 ↖

Q **It's just an excuse.**
그냥 핑계일 뿐이야.

사용빈도
약 1,510,000회 ↖

Q **It's just a coincidence.**
그냥 우연일 뿐이야.

사용빈도
약 3,016,700회 ↖

💬 이런 말도 할 수 있어요.

It's just ⬚ .
↳ **a cut** 베인 상처
a movie 영화

---

cold [콜드] 감기   excuse [익스큐즈] 핑계, 변명   coincidence [코인씨던쓰] 우연   cut [커트] 베인 상처

Step 2
이번에는 우리말만 보고 **It's just** 패턴으로 문장 말해보기

| 그냥 감기일 뿐이야. | 🎤 **It's just** a cold. |

| 그냥 게임일 뿐이야. | 🎤 |

| 그냥 핑계일 뿐이야. | 🎤 |

| 그냥 우연일 뿐이야. | 🎤 |

| 그냥 베인 상처일 뿐이야. | 🎤 |

Step 3
It's just 패턴이 들어간 실제 대화 따라 하며 말해보기

> 💬 졌다는 사실에 흥분한 사람에게
> **그냥 게임일 뿐이라고 말할 때**
>
> Kevin **I can't believe I lost!**
> 내가 졌다는 것을 믿을 수 없어!
>
> Jenny **Calm down.**
> 진정해.
>
> **It's just** a game.
> 그냥 게임일 뿐이야.

Day 49

사소하거나 단순한 어떤 것이 아니라고 말할 때 쓰는 만능 패턴

It's not just ~

그냥 ~이 아니야

무언가가 사소하거나 단순한 어떤 것은 아니라고 강조해서 말할 때 쓰는 패턴이에요. It's just 패턴에 not만 붙이면 "단순히 사소한 것이 아니야."라는 의미가 돼요. It's not just 패턴 뒤에 사소하거나 단순한 것이 아니라고 강조하고 싶은 대상을 넣어 말해보세요.

무료 강의 및
MP3 바로 듣기

 Step 1
It's not just 패턴으로 미국인이 많이 쓰는 TOP 4 문장 따라 하며 말해보기

Q **It's not just a joke.**
그냥 농담이 아니야(진지해).

사용빈도
약 15,390,000회

Q **It's not just for me.**
그냥 나만을 위한 것이 아니야(다른 사람을 위한 것이기도 해).

사용빈도
약 28,190,000회

Q **It's not just an idea.**
그냥 아이디어가 아니야(실현 가능해).

사용빈도
약 2,654,579회

Q **It's not just a dream.**
그냥 꿈이 아니야(뭔가를 암시하는 꿈이야).

사용빈도
약 13,070,000회

💬 이런 말도 할 수 있어요.

It's not just [   ].
→ **a rumor** 소문
a feeling 느낌

---

joke [죠크] 농담   rumor [루머] 소문   feeling [필링] 느낌

Step 2
이번에는 우리말만 보고 **It's not just** 패턴으로 문장 말해보기

| 그냥 농담이 아니야. | 🎤 **It's not just** a joke. |

| 그냥 나만을 위한 것이 아니야. | 🎤 |

| 그냥 아이디어가 아니야. | 🎤 |

| 그냥 꿈이 아니야. | 🎤 |

| 그냥 소문이 아니야. | 🎤 |

Step 3
It's not just 패턴이 들어간 실제 대화 따라 하며 말해보기

💬 음식을 혼자 다 먹을 건지 묻는 사람에게
나만을 위한 것이 아니라고 말할 때

Jenny   **Are you going to eat all this food?**
너 이 음식을 모두 먹을 거야?

Kevin   **It's not just for me.**
그냥 나만을 위한 것이 아니야.

I invited my friends.
나 내 친구들을 초대했어.

어떤 일을 하게 돼서 좋다고 말할 때 쓰는 만능 패턴

It's nice to ~
~하게 돼서 좋아

내가 어떤 일을 하게 돼서 좋다고 말할 때 쓰는 패턴이에요. nice to는 '~해서 좋은'이라는 의미예요. It's nice to 패턴 뒤에 하게 돼서 좋은 일을 넣어 말해보세요.

무료 강의 및
MP3 바로 듣기

 Step 1
It's nice to 패턴으로 미국인이 많이 쓰는 TOP 4 문장 따라 하며 말해보기

Q **It's nice to be back.**
다시 돌아오게 돼서 좋아.

사용빈도
약 3,573,000회

Q **It's nice to meet you.**
너를 만나게 돼서 좋아.

사용빈도
약 1,627,300회

Q **It's nice to talk to you.**
너에게 얘기하게 돼서 좋아.

사용빈도
약 1,996,000회

Q **It's nice to work with you.**
너와 함께 일하게 돼서 좋아.

사용빈도
약 1,516,000회

💬 이런 말도 할 수 있어요.

It's nice to ⬚⬚⬚⬚⬚⬚⬚ .
↳ **hear that** 그것을 듣다
see you again 너를 다시 보다

---

back [백] (이전의 장소로) 다시 돌아와

Step 2
이번에는 우리말만 보고 **It's nice to** 패턴으로 문장 말해보기

다시 돌아오게 돼서 좋아.　　🎤　**It's nice to** be back.

너를 만나게 돼서 좋아.　　🎤

너에게 얘기하게 돼서 좋아.　　🎤

너와 함께 일하게 돼서 좋아.　　🎤

그것을 듣게 돼서 좋아.　　🎤

Step 3
It's nice to 패턴이 들어간 실제 대화 따라 하며 말해보기

🎥 <다크 섀도우>에서
만나게 돼서 좋다고 말할 때

Vicky　　**Call me Vicky.**
　　　　비키라고 불러줘요.

Roger　　**It's nice to** meet you.
　　　　당신을 만나게 돼서 좋아요.

어떤 일을 해야 할 때라고 말할 때 쓰는 만능 패턴

It's time to ~

이제 ~할 때야

이제 어떤 일을 해야 하는 때가 됐다고 말할 때 쓰는 패턴이에요. 지금 어떤 일을 해야 한다고 알려주거나 함께 하자고 제안할 때 주로 쓰고, 이때 time to 는 '~할 시간'이라는 뜻이에요. It's time to 패턴 뒤에 지금 해야 할 일을 넣어 말해보세요.

무료 강의 및
MP3 바로 듣기

Step 1
It's time to 패턴으로 미국인이 많이 쓰는 TOP 4 문장 따라 하며 말해보기

Q **It's time to go.**
이제 가야 할 때야.

사용빈도
약 153,280,000회

Q **It's time to stop.**
이제 그만해야 할 때야.

사용빈도
약 52,820,000회

Q **It's time to get up.**
이제 일어나야 할 때야.

사용빈도
약 14,840,000회

Q **It's time to take a break.**
이제 휴식을 취해야 할 때야.

사용빈도
약 14,227,000회

💬 이런 말도 할 수 있어요.

It's time to [   ].

→ **move on** 넘어가다
eat dinner 저녁을 먹다

---

get up 일어나다   take a break 휴식을 취하다   move on 넘어가다

Step 2

이번에는 우리말만 보고 **It's time to** 패턴으로 문장 말해보기

이제 가야 할 때야.　🎤 **It's time to** go.

이제 그만해야 할 때야.　🎤

이제 일어나야 할 때야.　🎤

이제 휴식을 취해야 할 때야.　🎤

이제 넘어가야 할 때야.　🎤

Step 3

It's time to 패턴이 들어간 실제 대화 따라 하며 말해보기

💬 지금 시간을 묻는 사람에게

이제 가야 할 때라고 말할 때

Kevin　What time is it?
지금 몇 시야?

Jenny　It's nine o'clock.
9시야.

It's time to go.
이제 가야 할 때야.

어떤 일을 하기 어렵다고 말할 때 쓰는 만능 패턴

It's hard to ~

~하기 어려워

어떤 일을 하기 어렵다고 말할 때 쓰는 패턴이에요. 이때 hard는 '어려운, 힘든'이라는 의미예요. It's hard to 패턴 뒤에 하기 어려운 일을 넣어 말해보세요.

무료 강의 및
MP3 바로 듣기

Step 1
It's hard to 패턴으로 미국인이 많이 쓰는 TOP 4 문장 따라 하며 말해보기

🔍 **It's hard to** believe.
믿기 어려워.

사용빈도
약 48,670,000회 ↖

🔍 **It's hard to** explain.
설명하기 어려워.

사용빈도
약 21,273,000회 ↖

🔍 **It's hard to** understand.
이해하기 어려워.

사용빈도
약 33,750,000회 ↖

🔍 **It's hard to** say goodbye.
작별 인사를 하기 어려워.

사용빈도
약 5,712,000회 ↖

💬 이런 말도 할 수 있어요.

It's hard to ⌞_____⌟.

↳ **choose** 선택하다
make new friends 새로운 친구들을 사귀다

---

explain [익스플레인] 설명하다   say goodbye 작별 인사를 하다

Step 2
이번에는 우리말만 보고 **It's hard to** 패턴으로 문장 말해보기

| 믿기 어려워. | 🎤 **It's hard to** believe. |

| 설명하기 어려워. | 🎤 |

| 이해하기 어려워. | 🎤 |

| 작별 인사를 하기 어려워. | 🎤 |

| 선택하기 어려워. | 🎤 |

Step 3
It's hard to 패턴이 들어간 실제 대화 따라 하며 말해보기

🎬 <브레이킹 던 part2>에서
무슨 일인지 설명하기 어렵다고 말할 때

Esme
What happened?
무슨 일이 일어났어?

Edward
It's hard to explain.
설명하기 어려워요.

무언가가 가치가 있다고 말할 때 쓰는 만능 패턴

It's worth ~

~할 만한 가치가 있어

무언가를 할 가치가 있다고 말할 때 쓰는 패턴이에요. 어떤 행동을 할 것을 상대에게 권할 때 주로 쓰고, 이때 worth는 '가치 있는'이라는 뜻이에요. It's worth 패턴 뒤에 할 가치가 있는 일을 넣어 말해보세요.

무료 강의 및
MP3 바로 듣기

Step 1
It's worth 패턴으로 미국인이 많이 쓰는 TOP 4 문장 따라 하며 말해보기

Q **It's worth** it.
그럴 만한 가치가 있어.

> 어떤 일이 그렇게 할만한 가치가 있다고 말할 때 써요. 이때 뒤에 나오는 건은 앞에 언급된 비용, 노력 등을 가리켜요.

사용빈도
약 41,360,000회

Q **It's worth** a try.
시도할 만한 가치가 있어.

사용빈도
약 4,140,000회

Q **It's worth** noting.
주목할 만한 가치가 있어.

사용빈도
약 13,496,000회

Q **It's worth** the wait.
기다릴 만한 가치가 있어.

사용빈도
약 2,573,000회

💬 이런 말도 할 수 있어요.

It's worth ☐☐☐☐☐ .

↳ **a visit** 방문
the effort 노력

---

try [트라이] 시도   note [노트] 주목하다   visit [뷔지트] 방문   effort [에퓔트] 노력

Step 2
이번에는 우리말만 보고 **It's worth** 패턴으로 문장 말해보기

| 그럴 만한 가치가 있어. | 🎤 **It's worth** it. |

| 시도할 만한 가치가 있어. | 🎤 |

| 주목할 만한 가치가 있어. | 🎤 |

| 기다릴 만한 가치가 있어. | 🎤 |

| 방문할 만한 가치가 있어. | 🎤 |

Step 3
It's worth 패턴이 들어간 실제 대화 따라 하며 말해보기

🎬 <몬스터 대학교>에서
그럴 만한 가치가 있다고 말할 때

President　　**It's worth** it.
　　　　　　　그럴 만한 가치가 있어.

　　　　　　　You can show you're the best!
　　　　　　　네가 최고라는 것을 보여줄 수 있어!

Mike　　　Cool.
　　　　　　　멋지네요.

There's / That's / This is 패턴

무언가가 있다고 말할 때 쓰는 만능 패턴

There's ~

~가 있어

무언가가 있다는 사실을 말할 때 쓰는 패턴이에요. There's는 There is의 줄임말로, 어떤 것이 있다는 사실을 상대에게 처음 말할 때 주로 써요. There's 패턴 뒤에 무언가가 있다고 상대에게 알려줄 대상을 넣어 말해보세요.

무료 강의 및
MP3 바로 듣기

Step 1
There's 패턴으로 미국인이 많이 쓰는 TOP 4 문장 따라 하며 말해보기

Q **There's** a way.
방법이 있어.

사용빈도
약 167,760,000회

Q **There's** a plan.
계획이 있어.

사용빈도
약 28,100,000회

Q **There's** a reason.
이유가 있어.

사용빈도
약 75,600,000회

Q **There's** a difference.
차이가 있어.

사용빈도
약 56,170,000회

💬 이런 말도 할 수 있어요.

There's [   ] .

↳ **a rumor** 소문
a problem 문제

way [웨이] 방법 plan [플랜] 계획 reason [뤼즌] 이유 difference [디퍼뤈스] 차이 rumor [루머] 소문

Step 2
이번에는 우리말만 보고 **There's** 패턴으로 문장 말해보기

| 방법이 있어. | 🎤 **There's** a way. |

| 계획이 있어. | 🎤 |

| 이유가 있어. | 🎤 |

| 차이가 있어. | 🎤 |

| 소문이 있어. | 🎤 |

Step 3
There's 패턴이 들어간 실제 대화 따라 하며 말해보기

💬 두 제품이 같은 건지 묻는 사람에게

차이가 있다고 말할 때

Jenny
I have a question.
나 질문이 하나 있어.

Are these two laptops the same?
이 두 노트북은 똑같은 거야?

Kevin
No. There's a difference.
아니. 차이가 있어.

무언가가 있는지 물을 때 쓰는 만능 패턴

Is there ~?

~가 있어?

무언가가 있는지 물을 때 쓰는 패턴이에요. There's 패턴에서 There's를 Is there로 바꾸기만 하면 무언가가 있는지 묻는 말이 돼요. Is there 패턴 뒤에 있는지 물어보고 싶은 대상을 넣어 말해보세요.

무료 강의 및
MP3 바로 듣기

Step 1
Is there 패턴으로 미국인이 많이 쓰는 TOP 4 문장 따라 하며 말해보기

Q **Is there** any news?
어떤 소식이 있어?

사용빈도
약 518,400회

Q **Is there** a problem?
문제가 있어?

사용빈도
약 7,640,000회

Q **Is there** anyone here?
여기 누가 있어?

사용빈도
약 268,732회

Q **Is there** anything else?
또 다른 것이 있어?

사용빈도
약 14,860,000회

💬 이런 말도 할 수 있어요.

Is there [＿＿＿＿＿＿＿] ?
→ **any reason** 어떤 이유
any chance 어떤 기회

chance [췐스] 기회

Step 2

이번에는 우리말만 보고 **Is there** 패턴으로 문장 말해보기

| 어떤 소식이 있어? | 🎤 **Is there** any news? |

| 문제가 있어? | 🎤 |

| 여기 누가 있어? | 🎤 |

| 또 다른 것이 있어? | 🎤 |

| 어떤 이유가 있어? | 🎤 |

Step 3

Is there 패턴이 들어간 실제 대화 따라 하며 말해보기

💬 무언가 곤란한 듯 보이는 사람에게
문제가 있는지 물을 때

Kevin
What's wrong?
뭐 잘못됐어?

Is there a problem?
문제가 있어?

Jenny
Yes. I need your help.
응. 나 너의 도움이 필요해.

무언가가 아무것도 없다고 말할 때 쓰는 만능 패턴

There's nothing ~
~인 것이 아무것도 없어

무언가가 아무것도 없다고 말할 때 쓰는 패턴이에요. 이때 nothing은 '아무 것도 ~아니다/없다'라는 의미예요. There's nothing 패턴 뒤에 없다고 말할 무언가를 넣어 말해보세요.

무료 강의 및
MP3 바로 듣기

Step 1
There's nothing 패턴으로 미국인이 많이 쓰는 TOP 4 문장 따라 하며 말해보기

Q **There's nothing** left.
남은 것이 아무것도 없어.

사용빈도
약 5,292,000회

Q **There's nothing** to do.
할 것이 아무것도 없어.

사용빈도
약 22,140,000회

Q **There's nothing** to tell.
말할 것이 아무것도 없어.

사용빈도
약 21,293,000회

Q **There's nothing** wrong.
잘못된 것이 아무것도 없어.

사용빈도
약 21,680,000회

💬 이런 말도 할 수 있어요.

There's nothing [ ].

→ **to fear** 두려워하다

I can do 내가 할 수 있다

---

wrong [륑] 잘못된 **fear** [퓌어] 두려워하다

Step 2
이번에는 우리말만 보고 **There's nothing** 패턴으로 문장 말해보기

| 남은 것이 아무것도 없어. | 🎤 **There's nothing** left. |

| 할 것이 아무것도 없어. | 🎤 |

| 말할 것이 아무것도 없어. | 🎤 |

| 잘못된 것이 아무것도 없어. | 🎤 |

| 두려워할 것이 아무것도 없어. | 🎤 |

Step 3
There's nothing 패턴이 들어간 실제 대화 따라 하며 말해보기

💬 피자를 달라고 하는 사람에게
남은 것이 아무것도 없다고 말할 때

Jenny Can I have some pizza?
내가 피자를 좀 먹을 수 있을까?

Kevin **There's nothing** left.
남은 것이 아무것도 없어.

I ate the last slice.
내가 마지막 조각을 먹었어.

무언가가 많이 있었다고 말할 때 쓰는 만능 패턴

There was a lot of ~
~이 많았어

과거에 무언가가 많이 있었다고 말할 때 쓰는 패턴이에요. 이때 a lot of는 '많은'이라는 의미예요. There was a lot of 패턴 뒤에 과거에 많이 있었던 것을 넣어 말해보세요.

무료 강의 및
MP3 바로 듣기

Step 1
There was a lot of 패턴으로 미국인이 많이 쓰는 TOP 4 문장 따라 하며 말해보기

Q **There was a lot of** food.
음식이 많았어.

사용빈도
약 31,770,000회

Q **There was a lot of** traffic.
교통량이 많았어.

사용빈도
약 5,138,000회

Q **There was a lot of** money.
돈이 많았어.

사용빈도
약 51,490,000회

Q **There was a lot of** work to do.
할 일이 많았어.

사용빈도
약 20,100,000회

💬 이런 말도 할 수 있어요.

There was a lot of [ ].
↳ **pressure** 압박
information 정보

---

traffic [트뤠픽] 교통량, 교통   pressure [프뤠슈어] 압박

Step 2
이번에는 우리말만 보고 **There was a lot of** 패턴으로 문장 말해보기

음식이 많았어.	🎤 **There was a lot of** food.

교통량이 많았어.	🎤

돈이 많았어.	🎤

할 일이 많았어.	🎤

압박이 많았어.	🎤

Step 3
There was a lot of 패턴이 들어간 실제 대화 따라 하며 말해보기

💬 왜 늦었냐고 묻는 사람에게
교통량이 많았다고 말할 때

Jenny
Why are you late?
너 왜 늦었어?

Kevin
I'm sorry.
미안해.

There was a lot of traffic.
교통량이 많았어.

무언가가 있을 거라고 확신하며 말할 때 쓰는 만능 패턴

There must be ~

분명 ~가 있을 거야

확인된 것은 아니지만 무언가가 있는 것이 확실하다고 말할 때 쓰는 패턴이에요. 이때 must는 '~인 것이 틀림없다'라는 의미예요. There must be 패턴 뒤에 있다고 확신하는 대상을 넣어 말해보세요.

무료 강의 및
MP3 바로 듣기

Step 1
There must be 패턴으로 미국인이 많이 쓰는 TOP 4 문장 따라 하며 말해보기

Q **There must be** a reason.
분명 이유가 있을 거야.

사용빈도
약 7,073,000회

Q **There must be** a problem.
분명 문제가 있을 거야.

사용빈도
약 19,810,000회

Q **There must be** a mistake.
분명 실수가 있을 거야.

사용빈도
약 3,795,900회

Q **There must be** a better way.
분명 더 좋은 방법이 있을 거야.

사용빈도
약 1,114,700회

😊 이런 말도 할 수 있어요.

There must be [   ] .

→ **another solution** 또 다른 해결책
something wrong 무언가 잘못된 것

---

reason [뤼즌] 이유 mistake [미스테이크] 실수 solution [쏠루션] 해결책

Step 2

이번에는 우리말만 보고 **There must be** 패턴으로 문장 말해보기

분명 이유가 있을 거야.　　🎤　**There must be** a reason.

분명 문제가 있을 거야.　　🎤

분명 실수가 있을 거야.　　🎤

분명 더 좋은 방법이 있을 거야.　　🎤

분명 또 다른 해결책이 있을 거야.　　🎤

Step 3

There must be 패턴이 들어간 실제 대화 따라 하며 말해보기

💬 내 이름을 찾을 수 없다는 사람에게
실수가 있을 거라고 확신하며 말할 때

Jenny　　I can't find your name here.
여기에서 당신의 이름을 찾을 수 없어요.

Kevin　　Please check again.
다시 확인해주세요.

There must be a mistake.
분명 실수가 있을 거예요.

Day 59

앞서 언급된 것이 무엇인지 짚어서 말할 때 쓰는 만능 패턴

That's what ~

그게 바로 ~인 거야

앞서 언급된 내용이 무엇인지 짚어서 말할 때 쓰는 패턴이에요. 이때 what은
'~인 것'이라는 의미예요. That's what 패턴 뒤에 짚어서 말하고 싶은 것을
넣어 말해보세요.

무료 강의 및
MP3 바로 듣기

Step 1
That's what 패턴으로 미국인이 많이 쓰는 TOP 4 문장 따라 하며 말해보기

Q **That's what** I like.
그게 바로 내가 좋아하는 거야.

> 앞서 언급된 것이 내가 좋아하는
> 거라고 짚어서 말할 때 써요.

사용빈도
약 69,780,000회

Q **That's what** I said.
그게 바로 내가 말했던 거야.

사용빈도
약 51,240,000회

Q **That's what** I thought.
그게 바로 내가 생각했던 거야.

사용빈도
약 69,750,000회

Q **That's what** he wants.
그게 바로 그가 원하는 거야.

사용빈도
약 18,610,000회

💬 이런 말도 할 수 있어요.

That's what _____.

↳ **I need** 내가 필요하다
I'm talking about 내가 얘기하고 있다

think [띵크] 생각하다

Step 2
이번에는 우리말만 보고 **That's what** 패턴으로 문장 말해보기

| 그게 바로 내가 좋아하는 거야. | 🎤 **That's what** I like. |

| 그게 바로 내가 말했던 거야. | 🎤 |

| 그게 바로 내가 생각했던 거야. | 🎤 |

| 그게 바로 그가 원하는 거야. | 🎤 |

| 그게 바로 내가 필요한 거야. | 🎤 |

Step 3
That's what 패턴이 들어간 실제 대화 따라 하며 말해보기

🎬 <오션스 13>에서
앞서 내가 말했던 거라고 짚어서 말할 때

Roman   This is a problem.
이건 문제야.

Rusty   **That's what** I said.
그게 바로 내가 말했던 거야.

앞서 언급된 것이 어떤 일의 이유라고 말할 때 쓰는 만능 패턴

That's why ~

그게 바로 ~인 이유야

앞서 언급된 내용이 어떤 일이 일어난 이유라고 강조해서 말할 때 쓰는 패턴이에요. 이때 why는 '~한 이유'라는 의미예요. That's why 패턴 뒤에 앞서 언급된 내용 때문에 일어난 일을 넣어 말해보세요.

무료 강의 및
MP3 바로 듣기

Step 1
That's why 패턴으로 미국인이 많이 쓰는 TOP 4 문장 따라 하며 말해보기

🔍 **That's why I'm here.**
그게 바로 내가 여기 있는 이유야.

> 앞서 언급된 내용이 내가 여기 있게 된 이유라고 강조해서 말할 때 써요.

사용빈도
약 8,688,000회 ↖

🔍 **That's why I like you.**
그게 바로 내가 너를 좋아하는 이유야.

사용빈도
약 22,050,000회 ↖

🔍 **That's why I had to quit.**
그게 바로 내가 그만둬야 했던 이유야.

사용빈도
약 2,124,000회 ↖

🔍 **That's why I didn't come.**
그게 바로 내가 오지 않았던 이유야.

사용빈도
약 24,460,000회 ↖

💬 이런 말도 할 수 있어요.

That's why _____.

> **I'm angry** 내가 화나다
> **it's my favorite** 그것은 내가 특히 좋아하는 것이다

---

quit [퀴트] 그만두다   **favorite** [페이버릿] 특히 좋아하는 것

Step 2
이번에는 우리말만 보고 **That's why** 패턴으로 문장 말해보기

그게 바로 내가 여기 있는 이유야.　🎤 **That's why** I'm here.

그게 바로 내가 너를 좋아하는 이유야.　🎤

그게 바로 내가 그만둬야 했던 이유야.　🎤

그게 바로 내가 오지 않았던 이유야.　🎤

그게 바로 내가 화난 이유야.　🎤

Step 3
That's why 패턴이 들어간 실제 대화 따라 하며 말해보기

💬 어제는 오래 기다렸다는 사람에게
그게 바로 내가 오지 않았던 이유라고 말할 때

Jenny　There were too many people here yesterday.
어제는 여기 사람이 너무 많았어.

I waited for a long time.
나 오랫동안 기다렸어.

Kevin　**That's why** I didn't come.
그게 바로 내가 오지 않았던 이유야.

유일한 무언가라고 말할 때 쓰는 만능 패턴

This is the only ~

이것이 유일한 ~야

지금 알고 있거나 가지고 있는 것이 유일한 무언가라고 강조하여 말할 때 쓰는 패턴이에요. only는 '유일한'이라는 의미예요. This is the only 패턴 뒤에 유일한 것을 넣어 말해보세요.

무료 강의 및
MP3 바로 듣기

Step 1

This is the only 패턴으로 미국인이 많이 쓰는 TOP 4 문장 따라 하며 말해보기

Q **This is the only way.**
이것이 유일한 방법이야.

사용빈도
약 123,900,000회

Q **This is the only reason.**
이것이 유일한 이유야.

사용빈도
약 51,310,000회

Q **This is the only answer.**
이것이 유일한 답이야.

사용빈도
약 4,015,000회

Q **This is the only difference.**
이것이 유일한 차이야.

대화의 대상이 되는 두 가지가 매우 유사하여, 둘 사이에 차이점이 딱 하나밖에 없다고 말할 때 써요.

사용빈도
약 14,888,000회

💬 이런 말도 할 수 있어요.

This is the only [   ].

→ **chance** 기회
photo of me 내 사진

---

way [웨이] 방법, 길   **chance** [챈스] 기회

Step 2
이번에는 우리말만 보고 **This is the only** 패턴으로 문장 말해보기

이것이 유일한 방법이야.	🎤 **This is the only** way.

이것이 유일한 이유야.	🎤

이것이 유일한 답이야.	🎤

이것이 유일한 차이야.	🎤

이것이 유일한 기회야.	🎤

Step 3
This is the only 패턴이 들어간 실제 대화 따라 하며 말해보기

💬 다른 방법이 있냐고 묻는 사람에게
이것이 유일한 방법이라고 말할 때

Kevin
Is there any other way?
어떤 다른 방법이 있어?

Jenny
I don't think so.
나는 그렇게 생각하지 않아.

This is the only way.
이것이 유일한 방법이야.

I have / You have 패턴

무언가를 가지고 있다고 말할 때 쓰는 만능 패턴

I've got ~
나 ~이 있어

내가 무언가를 가지고 있다고 말할 때 쓰는 패턴이에요. I've got은 I have
got의 줄임말이고, '나는 ~을 가지고 있다'라는 뜻의 I have와 같은 의미로,
일상적인 대화에서 자주 써요. I've got 패턴 뒤에 내가 가지고 있는 것을 넣
어 말해보세요.

무료 강의 및
MP3 바로 듣기

Step 1
I've got 패턴으로 미국인이 많이 쓰는 TOP 4 문장 따라 하며 말해보기

Q **I've got** a dream.
나 꿈이 있어.

사용빈도
약 15,320,000회 ↖

Q **I've got** good news.
나 좋은 소식이 있어.

사용빈도
약 361,000회 ↖

Q **I've got** a good idea.
나 좋은 아이디어가 있어.

사용빈도
약 19,120,000회 ↖

Q **I've got** a stomachache.
나 복통이 있어.

사용빈도
약 312,310회 ↖

💬 이런 말도 할 수 있어요.

I've got _____ .

↳ **a headache** 두통
a question for you 너에게 질문

---

stomachache [스토먹애이크] 복통   headache [헤드애이크] 두통

Step 2
이번에는 우리말만 보고 **I've got** 패턴으로 문장 말해보기

| 나 꿈이 있어. | 🎤 **I've got** a dream. |

| 나 좋은 소식이 있어. | 🎤 |

| 나 좋은 아이디어가 있어. | 🎤 |

| 나 복통이 있어. | 🎤 |

| 나 두통이 있어. | 🎤 |

Step 3
I've got 패턴이 들어간 실제 대화 따라 하며 말해보기

🎬 <모던 패밀리>에서
좋은 아이디어를 가지고 있다고 말할 때

Claire
Nobody has an idea.
아무도 아이디어가 없어.

Luke
I've got a good idea.
저 좋은 아이디어가 있어요.

이미 어떤 일을 했다고 말할 때 쓰는 만능 패턴

I've already ~

나 이미 ~했어

어떤 일을 이미 했다고 말할 때 쓰는 패턴이에요. 이미 어떤 일을 완료해서 현재 다 되어 있는 상태라는 것을 강조할 때 주로 쓰고, 이때 already는 '이미, 벌써'라는 의미예요. I've already 패턴 뒤에 이미 한 일을 넣어 말해보세요.

무료 강의 및
MP3 바로 듣기

Step 1
I've already 패턴으로 미국인이 많이 쓰는 TOP 4 문장 따라 하며 말해보기

Q **I've already** arrived.
나 이미 도착했어.

사용빈도
약 388,700회

Q **I've already** told you.
나 이미 너에게 얘기했어.

사용빈도
약 1,293,000회

Q **I've already** done that.
나 이미 그렇게 했어.

사용빈도
약 482,100회

Q **I've already** had enough.
나 이미 충분한 양을 먹었어.

사용빈도
약 798,600회

💬 이런 말도 할 수 있어요.

I've already [   ].

↳ **seen it** 그것을 봤다
decided 결정했다

---

arrive [어라이브] 도착하다   have [해브] 먹다   enough [이너프] 충분한 양   decide [디싸이드] 결정하다

Step 2
이번에는 우리말만 보고 **I've already** 패턴으로 문장 말해보기

| 나 이미 도착했어. | 🎤 **I've already** arrived. |

| 나 이미 너에게 얘기했어. | 🎤 |

| 나 이미 그렇게 했어. | 🎤 |

| 나 이미 충분한 양을 먹었어. | 🎤 |

| 나 이미 그것을 봤어. | 🎤 |

Step 3
I've already 패턴이 들어간 실제 대화 따라 하며 말해보기

🎬 <오즈의 마법사>에서

이미 너에게 얘기했다고 말할 때

Glinda　Are you a good witch or a bad witch?
너는 좋은 마녀야 아니면 나쁜 마녀야?

Dorothy　**I've already** told you.
나 이미 너에게 얘기했어.

I'm not a witch.
난 마녀가 아니야.

어떤 일을 한 적이 전혀 없다고 말할 때 쓰는 만능 패턴

I've never ~

~한 적이 전혀 없어

과거부터 지금까지 어떤 일을 해본 경험이 전혀 없다고 말할 때 쓰는 패턴이에요. never는 '전혀 ~않은'이라는 의미예요. I've never 패턴 뒤에 해본 경험이 없는 일을 넣어 말해보세요.

무료 강의 및
MP3 바로 듣기

Step 1
I've never 패턴으로 미국인이 많이 쓰는 TOP 4 문장 따라 하며 말해보기

🔍 **I've never seen it.**
그것을 본 적이 전혀 없어.

사용빈도 ↖
약 11,279,000회

🔍 **I've never said that.**
그렇게 말한 적이 전혀 없어.

사용빈도 ↖
약 107,739,000회

🔍 **I've never had a problem.**
문제가 있었던 적이 전혀 없어.

사용빈도 ↖
약 16,230,000회

🔍 **I've never thought about it.**
그것에 대해 생각한 적이 전혀 없어.

사용빈도 ↖
약 7,602,000회

💬 이런 말도 할 수 있어요.

I've never [   ].

↳ **tried that** 그것을 시도해보다
read this book 이 책을 읽어보다

---

have a problem 문제가 있다

Step 2
이번에는 우리말만 보고 **I've never** 패턴으로 문장 말해보기

그것을 본 적이 전혀 없어.	🎤 **I've never** seen it.

그렇게 말한 적이 전혀 없어. 🎤

문제가 있었던 적이 전혀 없어. 🎤

그것에 대해 생각한 적이 전혀 없어. 🎤

그것을 시도해본 적이 전혀 없어. 🎤

Step 3
I've never 패턴이 들어간 실제 대화 따라 하며 말해보기

🎬 〈트랜스포머〉에서
그것을 본 적이 전혀 없다고 말할 때

Bobby B　　**What is this?**
　　　　　　이게 뭐야?

Manny　　　**I don't know.**
　　　　　　전 몰라요.

　　　　　　I've never seen it.
　　　　　　그것을 본 적이 전혀 없어요.

어떤 일을 해본 경험이 있는지 물을 때 쓰는 만능 패턴

Have you ever ~?

(한 번이라도) ~해본 적 있어?

상대에게 어떤 일을 해본 경험이 있는지 물을 때 쓰는 패턴이에요. ever는 '한 번이라도'라는 의미예요. Have you ever 패턴 뒤에 해본 경험이 있는지 물어볼 일을 넣어 말해보세요.

Step 1

Have you ever 패턴으로 미국인이 많이 쓰는 TOP 4 문장 따라 하며 말해보기

Q **Have you ever met him?**
그를 (한 번이라도) 만나본 적 있어?

사용빈도
약 204,100회

Q **Have you ever tried this?**
이것을 (한 번이라도) 시도해본 적 있어?

사용빈도
약 469,300회

Q **Have you ever used this?**
이것을 (한 번이라도) 사용해본 적 있어?

사용빈도
약 676,900회

Q **Have you ever been there?**
그곳에 (한 번이라도) 가본 적 있어?

사용빈도
약 2,443,000회

😀 이런 말도 할 수 있어요.

Have you ever [＿＿＿＿＿＿＿＿＿＿] ?

↳ **gone camping** 캠핑을 가다
been to another country 다른 나라에 가보다

---

another [어나더] 다른   **country** [컨트뤼] 나라

Step 2

이번에는 우리말만 보고 **Have you ever** 패턴으로 문장 말해보기

그를 (한 번이라도) 만나본 적 있어? 🎤	**Have you ever** met him?

그를 (한 번이라도) 만나본 적 있어?　🎤　**Have you ever** met him?

이것을 (한 번이라도) 시도해본 적 있어?　🎤

이것을 (한 번이라도) 사용해본 적 있어?　🎤

그곳에 (한 번이라도) 가본 적 있어?　🎤

캠핑을 (한 번이라도) 가본 적 있어?　🎤

Step 3

Have you ever 패턴이 들어간 실제 대화 따라 하며 말해보기

🎬 <니모를 찾아서>에서

상어를 만나본 경험이 있는지 물을 때

Nemo　　**Have you ever** met a shark?
상어를 한 번이라도 만나본 적 있어요?

Marlin　　No, I haven't.
아니, 없어.

상대가 어떤 일을 해야 한다고 말할 때 쓰는 만능 패턴

You have to ~

너 ~해야 해

상대가 어떤 일을 해야 한다고 말할 때 쓰는 패턴이에요. have to는 '~해야 한다'라는 의미예요. You have to 패턴 뒤에 상대가 해야 하는 일을 넣어 말해보세요.

무료 강의 및
MP3 바로 듣기

Step 1
You have to 패턴으로 미국인이 많이 쓰는 TOP 4 문장 따라 하며 말해보기

🔍 **You have to** go.
너 가야 해.

사용빈도
약 646,200,000회 ↖

🔍 **You have to** be patient.
너 참을성이 있어야 해.

사용빈도
약 29,620,000회 ↖

🔍 **You have to** work harder.
너 더 열심히 일해야 해.

사용빈도
약 23,510,000회 ↖

🔍 **You have to** win the game.
너 그 경기에서 이겨야 해.

사용빈도
약 13,324,000회 ↖

💬 이런 말도 할 수 있어요.

You have to [   ] .

→ **leave now** 지금 떠나다
try something else 뭔가 또 다른 것을 시도하다

---

patient [패이션트] 참을성이 있는   harder [할더] 더 열심히   else [엘스] 또 다른

Step 2

이번에는 우리말만 보고 **You have to** 패턴으로 문장 말해보기

| 너 가야 해. | 🎙 **You have to** go. |

| 너 참을성이 있어야 해. | 🎙 |

| 너 더 열심히 일해야 해. | 🎙 |

| 너 그 경기에서 이겨야 해. | 🎙 |

| 너 지금 떠나야 해. | 🎙 |

Step 3

You have to 패턴이 들어간 실제 대화 따라 하며 말해보기

🎬 <타이타닉>에서

당신은 가야 한다고 말할 때

Rose
I'm not going without you.
난 당신 없이 가지 않을 거예요.

Jack
No.
아니에요.

You have to go.
당신은 가야 해요.

상대가 어떤 일을 하지 않아도 된다고 말할 때 쓰는 만능 패턴

You don't have to ~

~하지 않아도 돼

상대가 어떤 일을 하지 않아도 된다고 말할 때 쓰는 패턴이에요. You have to 패턴에 don't만 붙이면 상대에게 어떤 일을 할 필요가 없다고 알려주는 말이 돼요. You don't have to 패턴 뒤에 상대가 하지 않아도 되는 일을 넣어 말해보세요.

무료 강의 및
MP3 바로 듣기

Step 1
You don't have to 패턴으로 미국인이 많이 쓰는 TOP 4 문장 따라 하며 말해보기

Q **You don't have to** worry.
걱정하지 않아도 돼.

사용빈도
약 96,130,000회

Q **You don't have to** change.
달라지지 않아도 돼.

자신이 지금과는 다르게 변해야 한다고 생각하는 사람에게 그럴 필요 없다고 말할 때 써요.

사용빈도
약 146,600,000회

Q **You don't have to** be perfect.
완벽하지 않아도 돼.

사용빈도
약 30,126,000회

Q **You don't have to** wait for me.
나를 기다리지 않아도 돼.

사용빈도
약 17,333,000회

😃 이런 말도 할 수 있어요.

You don't have to [　　　　　　　].

→ **apologize** 사과하다
be serious 심각하다

---

change [췌인쥐] 달라지다, 바꾸다   apologize [어팔러자이즈] 사과하다   serious [씨뤼어스] 심각한

Step 2

이번에는 우리말만 보고 **You don't have to** 패턴으로 문장 말해보기

| 걱정하지 않아도 돼. | 🎤 **You don't have to** worry. |

| 달라지지 않아도 돼. | 🎤 |

| 완벽하지 않아도 돼. | 🎤 |

| 나를 기다리지 않아도 돼. | 🎤 |

| 사과하지 않아도 돼. | 🎤 |

Step 3

You don't have to 패턴이 들어간 실제 대화 따라 하며 말해보기

💬 긴장하는 사람에게

걱정하지 않아도 된다고 말할 때

Kevin   I'm nervous about the driving test.
나 운전 면허 시험에 대해 긴장돼.

Jenny   It will be OK.
괜찮을 거야.

You don't have to worry.
걱정하지 않아도 돼.

어떤 일을 꼭 해야 하는지 물을 때 쓰는 만능 패턴

Do I have to ~?

나 ~해야 해?

내가 어떤 일을 꼭 해야 하는지 물을 때 쓰는 패턴이에요. 내키지 않는 일을 해야 할 것 같은 상황에서 그 일을 꼭 해야 하는지 확인할 때 주로 써요. Do I have to 패턴 뒤에 내가 꼭 해야 하는지 궁금한 일을 넣어 말해보세요.

무료 강의 및
MP3 바로 듣기

Step 1

Do I have to 패턴으로 미국인이 많이 쓰는 TOP 4 문장 따라 하며 말해보기

Q **Do I have to** go?

나 가야 해?

사용빈도
약 198,540,000회

Q **Do I have to** do that?

나 그것을 해야 해?

사용빈도
약 67,660,000회

Q **Do I have to** wear this?

나 이것을 입어야 해?

사용빈도
약 19,587,000회

Q **Do I have to** buy a new one?

나 새것을 사야 해?

사용빈도
약 3,458,000회

💬 이런 말도 할 수 있어요.

Do I have to ⬚⬚⬚⬚⬚⬚⬚⬚ ?

↳ **sit here** 여기 앉다

do it again 그것을 다시 하다

---

again [어게인] 다시

Step 2
이번에는 우리말만 보고 **Do I have to** 패턴으로 문장 말해보기

| 나 가야 해? | 🎤 **Do I have to** go? |

| 나 그것을 해야 해? | 🎤 |

| 나 이것을 입어야 해? | 🎤 |

| 나 새것을 사야 해? | 🎤 |

| 나 여기 앉아야 해? | 🎤 |

Step 3
Do I have to 패턴이 들어간 실제 대화 따라 하며 말해보기

💬 나를 위해 셔츠를 샀다는 사람에게
꼭 입어야 하는지 물을 때

Jenny
Here, I bought a shirt for you.
여기, 내가 너를 위해 셔츠를 샀어.

Kevin
Do I have to wear this?
나 이것을 입어야 해?

I don't like to wear white shirts.
나 흰 셔츠 입는 것 좋아하지 않아.

상대가 앞으로 어떤 일을 해야 할 거라고 말할 때 쓰는 만능 패턴

You will have to ~

너 ~해야 할 거야

상대가 앞으로 어떤 일을 해야 할 거라고 조언할 때 쓰는 패턴이에요. '(미래에) ~할 것이다'라는 뜻의 will 뒤에 have to를 쓰면 '~해야 할 것이다'라는 의미가 돼요. You will have to 패턴 뒤에 상대가 앞으로 해야 할 일을 넣어 말해보세요.

무료 강의 및
MP3 바로 듣기

Step 1
You will have to 패턴으로 미국인이 많이 쓰는 TOP 4 문장 따라 하며 말해보기

Q **You will have to** wait.
너 기다려야 할 거야.

사용빈도
약 41,310,000회

Q **You will have to** practice.
너 연습해야 할 거야.

사용빈도
약 21,670,000회

Q **You will have to** be careful.
너 조심해야 할 거야.

사용빈도
약 28,780,000회

Q **You will have to** take a bus.
너 버스를 타야 할 거야.

사용빈도
약 6,419,000회

이런 말도 할 수 있어요.

You will have to [＿＿＿＿＿＿＿].

↳ **go there** 그곳에 가다
work late 늦게까지 일하다

practice [프렉티스] 연습하다   careful [케어풀] 조심하는

Step 2

이번에는 우리말만 보고 **You will have to** 패턴으로 문장 말해보기

너 기다려야 할 거야.	🎙 **You will have to** wait.

너 연습해야 할 거야. 🎙

너 조심해야 할 거야. 🎙

너 버스를 **타야 할 거야**. 🎙

너 그곳에 **가야 할 거야**. 🎙

Step 3

You will have to 패턴이 들어간 실제 대화 따라 하며 말해보기

💬 쇼핑몰이 멀리 있는지 묻는 사람에게

버스를 타야 할 거라고 말할 때

Jenny　　Is the mall far from here?
그 쇼핑몰은 여기서 멀어?

Kevin　　Yes, it is.
응, 멀어.

You will have to take a bus.
너 버스를 타야 할 거야.

상대가 어떤 일을 해야 할 가능성이 있다고 말할 때 쓰는 만능 패턴

You may have to ~

너 ~해야 할지도 몰라

상대가 어떤 일을 해야 할지도 모른다고 말할 때 쓰는 패턴이에요. '~일지도 모르다'라는 뜻의 may 뒤에 have to를 쓰면 '~해야 할지도 모르다'라는 의미가 돼요. You may have to 패턴 뒤에 상대가 해야 할지도 모르는 일을 넣어 말해보세요.

무료 강의 및
MP3 바로 듣기

 Step 1
You may have to 패턴으로 미국인이 많이 쓰는 TOP 4 문장 따라 하며 말해보기

Q **You may have to** pay.
너 돈을 내야 할지도 몰라.

> 상대가 무언가를 타기 위해서는 돈을
> 내야 할지도 모른다고 말할 때 써요.

사용빈도
약 67,480,000회

Q **You may have to** come.
너 와야 할지도 몰라.

사용빈도
약 66,880,000회

Q **You may have to** explain it.
너 그것을 설명해야 할지도 몰라.

사용빈도
약 2,305,000회

Q **You may have to** do it again.
너 그것을 다시 해야 할지도 몰라.

사용빈도
약 17,554,000회

💬 이런 말도 할 수 있어요.

You may have to _____ .

↳ **buy more** 더 많이 사다
wait for a while 잠시 기다리다

---

pay [페이] (돈을) 내다 explain [익스플레인] 설명하다 for a while 잠시

Step 2
이번에는 우리말만 보고 **You may have to** 패턴으로 문장 말해보기

| 너 돈을 내야 할지도 몰라. | 🎤 **You may have to** pay. |

| 너 와야 할지도 몰라. | 🎤 |

| 너 그것을 설명해야 할지도 몰라. | 🎤 |

| 너 그것을 다시 해야 할지도 몰라. | 🎤 |

| 너 더 많이 사야 할지도 몰라. | 🎤 |

Step 3
You may have to 패턴이 들어간 실제 대화 따라 하며 말해보기

💬 자신이 갈 필요가 있는지 묻는 사람에게
와야 할 가능성이 있다고 말할 때

Kevin
Do you need me there?
그곳에 내가 필요해?

Jenny
You may have to come.
너 와야 할지도 몰라.

There's a lot of work.
일이 많이 있거든.

What / Who 패턴

Day 71

어떤 상황에 대한 감정을 강조해 말할 때 쓰는 만능 패턴

What a ~! 정말 ~다!

Day 72

할 예정인 것이 무엇인지 물을 때 쓰는 만능 패턴

What are you going to ~? 너 무엇을 ~할 거야?

Day 73

특정 대상에게 무슨 일이 있었는지 물을 때 쓰는 만능 패턴

What happened to ~? ~에(게) 무슨 일이 있었어?

Day 74

특정 대상에 대한 의견을 물을 때 쓰는 만능 패턴

What do you think of ~? ~에 대해 어떻게 생각해?

Day 75

특정 대상에 대해 무엇을 알고 있는지 물을 때 쓰는 만능 패턴

What do you know about ~? ~에 대해 무엇을 알고 있어?

Day 76

내가 할 수 있는 것이 무엇인지 물을 때 쓰는 만능 패턴

What can I ~? 내가 무엇을 ~할 수 있을까?

Day 77

내가 해야 하는 일이 무엇인지 물을 때 쓰는 만능 패턴

What should I ~? 내가 무엇을 ~해야 하지?

Day 78

어떤 일을 하는 또 다른 누군가가 있는지 물을 때 쓰는 만능 패턴

Who else ~? 또 누가 ~해?

Day 79

어떤 일을 하고 싶은 사람이 있는지 물을 때 쓰는 만능 패턴

Who wants to ~? 누구 ~하고 싶은 사람?

어떤 상황에 대한 감정을 강조해 말할 때 쓰는 만능 패턴

What a ~!
정말 ~다!

어떤 상황이나 상태에 대한 놀라움, 슬픔 등의 감정 또는 의견을 강조하여 말할 때 쓰는 패턴이에요. What a 패턴 뒤에 강조해 말하고 싶은 감정이나 의견을 넣어 말해보세요.

무료 강의 및
MP3 바로 듣기

Step 1
What a 패턴으로 미국인이 많이 쓰는 TOP 4 문장 따라 하며 말해보기

Q **What a** mess!
정말 엉망이다!

사용빈도
약 24,490,000회 ↖

Q **What a** shame!
정말 안타깝다!

사용빈도
약 34,750,000회 ↖

Q **What a** surprise!
정말 놀랍다!

사용빈도
약 40,300,000회 ↖

Q **What a** great day!
정말 좋은 날이다!

사용빈도
약 22,900,000회 ↖

💬 이런 말도 할 수 있어요

What a [   ] !

↳ **relief** 안심
nice dress 멋진 드레스

---

mess [메쓰] 엉망   shame [쉐임] 안타까움, 부끄러움   surprise [써프라이즈] 놀라움   relief [륄리프] 안심, 위안

Step 2
이번에는 우리말만 보고 **What a** 패턴으로 문장 말해보기

| 정말 엉망이다! | 🎙 | **What a** mess! |

| 정말 안타깝다! | 🎙 | |

| 정말 놀랍다! | 🎙 | |

| 정말 좋은 날이다! | 🎙 | |

| 정말 안심이다! | 🎙 | |

Step 3
What a 패턴이 들어간 실제 대화 따라 하며 말해보기

🎬 <어바웃타임>에서

우연한 만남에 대한 놀라움을 강조해 말할 때

Charlotte　　It's lovely to see you.
너를 만나서 아주 기뻐.

Tim　　**What a** surprise!
정말 놀랍다!

할 예정인 것이 무엇인지 물을 때 쓰는 만능 패턴

What are you going to ~?

너 무엇을 ~할 거야?

상대가 할 예정인 것이 무엇인지 묻는 패턴이에요. are you going to 패턴 앞에 what만 붙이면 상대에게 구체적으로 무엇을 할 예정인지 묻는 말이 돼요. What are you going to 패턴 뒤에 상대가 할 예정인지 궁금한 일을 넣어 말해보세요.

무료 강의 및
MP3 바로 듣기

 Step 1
What are you going to 패턴으로 미국인이 많이 쓰는 TOP 4 문장 따라 하며 말해보기

Q **What are you going to make?**
너 무엇을 만들 거야?

사용빈도
약 30,490,000회

Q **What are you going to write?**
너 무엇을 쓸 거야?

사용빈도
약 6,098,000회

Q **What are you going to watch?**
너 무엇을 볼 거야?

사용빈도
약 7,539,000회

Q **What are you going to do this weekend?**
너 무엇을 이번 주말에 할 거야?

사용빈도
약 575,300회

💬 이런 말도 할 수 있어요.

What are you going to ⬚⬚⬚⬚⬚⬚⬚⬚⬚ ?

↳ **wear** 입다
study 공부하다

weekend [위켄드] 주말

Step 2
이번에는 우리말만 보고 **What are you going to** 패턴으로 문장 말해보기

| 너 무엇을 만들 거야? | 🎤 **What are you going to** make? |

| 너 무엇을 쓸 거야? | 🎤 |

| 너 무엇을 볼 거야? | 🎤 |

| 너 무엇을 이번 주말에 할 거야? | 🎤 |

| 너 무엇을 입을 거야? | 🎤 |

Step 3
What are you going to 패턴이 들어간 실제 대화 따라 하며 말해보기

💬 주말에 할 일에 대해 대화 중인 사람에게

주말에 할 예정인 것이 무엇인지 물을 때

Kevin
What are you going to do this weekend?
너 무엇을 이번 주말에 할 거야?

Jenny
I'm going to meet my friend.
나는 내 친구를 만날 거야.

What about you?
너는 어때?

특정 대상에게 무슨 일이 있었는지 물을 때 쓰는 만능 패턴

What happened to ~?

~에(게) 무슨 일이 있었어?

특정한 사람이나 사물 등에 과거에 무슨 일이 있었는지 물을 때 쓰는 패턴
이에요. happened to는 '(어떤 일이) ~에(게) 일어났다'라는 의미예요.
What happened to 패턴 뒤에 무슨 일이 일어났는지 궁금한 대상을 넣어
말해보세요.

무료 강의 및
MP3 바로 듣기

Step 1
What happened to 패턴으로 미국인이 많이 쓰는 TOP 4 문장 따라 하며 말해보기

Q **What happened to** you?
너에게 무슨 일이 있었어?

사용빈도
약 49,230,000회

Q **What happened to** her?
그녀에게 무슨 일이 있었어?

사용빈도
약 46,740,000회

Q **What happened to** the car?
그 차에 무슨 일이 있었어?

사용빈도
약 13,944,000회

Q **What happened to** the building?
그 건물에 무슨 일이 있었어?

어떤 건물의 변화를 알아차리고, 그 건물에
무슨 일이 있었는지 궁금할 때 써요.

사용빈도
약 24,566,000회

💬 이런 말도 할 수 있어요.

What happened to ⬛⬛⬛⬛⬛ ?

↳ **your friend** 너의 친구
your parents 너의 부모님

---

parents [패어런츠] 부모님

Step 2
이번에는 우리말만 보고 **What happened to** 패턴으로 문장 말해보기

| 너에게 무슨 일이 있었어? | 🎤 **What happened to** you? |

| 그녀에게 무슨 일이 있었어? | 🎤 |

| 그 차에 무슨 일이 있었어? | 🎤 |

| 그 건물에 무슨 일이 있었어? | 🎤 |

| 너의 친구에게 무슨 일이 있었어? | 🎤 |

Step 3
What happened to 패턴이 들어간 실제 대화 따라 하며 말해보기

🎬 <겨울왕국>에서

그녀에게 무슨 일이 있었는지 물을 때

Hans
Princess Anna is dead.
안나 공주는 죽었어요.

Duke
What happened to her?
그녀에게 무슨 일이 있었어요?

Day 73
해커스톡 왕초보 영어회화 10분의 기적 기초패턴으로 말하기

특정 대상에 대한 의견을 물을 때 쓰는 만능 패턴

What do you think of ~?

~에 대해 어떻게 생각해?

특정 대상에 대한 상대의 의견을 물을 때 쓰는 패턴이에요. what do you think of를 그대로 해석하면 "너 ~에 대해 무엇을 생각해?"라는 뜻으로, "너 ~에 대해 어떻게 생각해?"라는 의미가 돼요. What do you think of 패턴 뒤에 상대의 의견이 궁금한 대상을 넣어 말해보세요.

무료 강의 및
MP3 바로 듣기

Step 1
What do you think of 패턴으로 미국인이 많이 쓰는 TOP 4 문장 따라 하며 말해보기

🔍 **What do you think of** it?

그것에 대해 어떻게 생각해?

사용빈도
약 37,660,000회

🔍 **What do you think of** me?

나에 대해 어떻게 생각해?

사용빈도
약 17,497,000회

🔍 **What do you think of** the film?

그 영화에 대해 어떻게 생각해?

사용빈도
약 17,230,000회

🔍 **What do you think of** the book?

그 책에 대해 어떻게 생각해?

사용빈도
약 43,780,000회

💬 이런 말도 할 수 있어요.

What do you think of [   ]?

↳ **the job** 그 직업
the class 그 수업

---

film [필름] 영화   job [잡] 직업

Step 2
이번에는 우리말만 보고 **What do you think of** 패턴으로 문장 말해보기

그것에 대해 어떻게 생각해?	🎤 **What do you think of** it?

나에 대해 어떻게 생각해? 🎤

그 영화에 대해 어떻게 생각해? 🎤

그 책에 대해 어떻게 생각해? 🎤

그 직업에 대해 어떻게 생각해? 🎤

Step 3
What do you think of 패턴이 들어간 실제 대화 따라 하며 말해보기

💬 영화를 본 사람에게
그 영화에 대한 의견을 물을 때

Jenny   **What do you think of** the film?
그 영화에 대해 어떻게 생각해?

Kevin   It is really interesting.
그것은 정말 흥미로워.

It's really interesting.
너는 그것을 봐야 해.

You have to watch it.
너는 그것을 봐야 해.

특정 대상에 대해 무엇을 알고 있는지 물을 때 쓰는 만능 패턴

What do you know about ~?

~에 대해 무엇을 알고 있어?

특정 대상에 대해 상대가 무엇을 알고 있는지 물을 때 쓰는 패턴이에요. 내가 궁금한 대상에 대해 상대가 무언가 알고 있는 것처럼 보일 때 주로 써요. What do you know about 패턴 뒤에 상대가 알고 있는 정보가 궁금한 대상을 넣어 말해보세요.

무료 강의 및
MP3 바로 듣기

Step 1
What do you know about 패턴으로 미국인이 많이 쓰는 TOP 4 문장 따라 하며 말해보기

🔍 **What do you know about** him?
그에 대해 무엇을 알고 있어?

> 내가 알고 싶은 특정 인물에 대해 상대가 무언가 알고 있는 것처럼 보일 때 써요.

사용빈도
약 9,207,000회

🔍 **What do you know about** this area?
이 지역에 대해 무엇을 알고 있어?

사용빈도
약 1,996,000회

🔍 **What do you know about** the situation?
그 상황에 대해 무엇을 알고 있어?

사용빈도
약 31,800,000회

🔍 **What do you know about** the company?
그 회사에 대해 무엇을 알고 있어?

사용빈도
약 16,875,000회

💬 이런 말도 할 수 있어요.

What do you know about ⬚ ?

↳ **the plan** 그 계획
　this position 이 직책

---

area [애리어] 지역   situation [씨츄에이션] 상황   plan [플랜] 계획   position [포지션] 직책

Step 2

이번에는 우리말만 보고 **What do you know about** 패턴으로 문장 말해보기

그에 대해 무엇을 알고 있어?	🎙 **What do you know about** him?

이 지역에 대해 무엇을 알고 있어? 🎙

그 상황에 대해 무엇을 알고 있어? 🎙

그 회사에 대해 무엇을 알고 있어? 🎙

그 계획에 대해 무엇을 알고 있어? 🎙

Step 3

What do you know about 패턴이 들어간 실제 대화 따라 하며 말해보기

🎬 <다크 나이트 라이즈>에서

그에 대해 무엇을 알고 있는지 물을 때

Blake   **What do you know about** him?
그에 대해 무엇을 알고 있어요?

Selina   Blake, you should be afraid of him.
블레이크, 당신은 그를 두려워해야 해요.

내가 할 수 있는 것이 무엇인지 물을 때 쓰는 만능 패턴

What can I ~?

내가 무엇을 ~할 수 있을까?

문제를 해결하거나 누군가를 위해 내가 할 수 있는 것이 무엇인지 물을 때 쓰는 패턴이에요. What can I 패턴 뒤에 내가 무엇을 할 수 있는지 물어보고 싶은 일을 넣어 말해보세요.

무료 강의 및
MP3 바로 듣기

Step 1
What can I 패턴으로 미국인이 많이 쓰는 TOP 4 문장 따라 하며 말해보기

Q **What can I say?**
내가 무엇을 말할 수 있을까?

> 현재 상황에서 내가 할 수 있는 말이 특별히 없다고 느껴질 때 써요.

사용빈도
약 54,190,000회

Q **What can I bring?**
내가 무엇을 가져올 수 있을까?

사용빈도
약 3,156,000회

Q **What can I expect?**
내가 무엇을 기대할 수 있을까?

사용빈도
약 10,464,000회

Q **What can I do for you?**
내가 무엇을 너를 위해 할 수 있을까?

사용빈도
약 12,230,000회

💬 이런 말도 할 수 있어요.

What can I [   ] ?

↳ **prepare** 준비하다
   borrow 빌리다

---

bring [브링] 가져오다   expect [익스펙트] 기대하다   prepare [프리페어] 준비하다   borrow [바로우] 빌리다

Step 2
이번에는 우리말만 보고 **What can I** 패턴으로 문장 말해보기

| 내가 무엇을 말할 수 있을까? | 🎤 **What can I** say? |

| 내가 무엇을 가져올 수 있을까? | 🎤 |

| 내가 무엇을 기대할 수 있을까? | 🎤 |

| 내가 무엇을 너를 위해 할 수 있을까? | 🎤 |

| 내가 무엇을 준비할 수 있을까? | 🎤 |

Step 3
What can I 패턴이 들어간 실제 대화 따라 하며 말해보기

💬 파티를 위한 음식을 준비하는 사람에게
내가 가져올 수 있는 것이 무엇인지 물을 때

Jenny   I need more food for the party.
나 파티를 위한 더 많은 음식이 필요해.

Kevin   **What can I** bring?
내가 무엇을 가져올 수 있을까?

Tell me anything.
아무거나 나에게 말해.

내가 해야 하는 일이 무엇인지 물을 때 쓰는 만능 패턴

What should I ~?

내가 무엇을 ~해야 하지?

내가 해야 하는 일이 무엇인지 물을 때 쓰는 패턴이에요. 내가 어떤 일을 해야 할지 잘 몰라서 조언을 구할 때 주로 써요. What should I 패턴 뒤에 내가 무엇을 해야 할지 물어보고 싶은 일을 넣어 말해보세요.

무료 강의 및
MP3 바로 듣기

Step 1
What should I 패턴으로 미국인이 많이 쓰는 TOP 4 문장 따라 하며 말해보기

What should I do?
내가 무엇을 해야 하지?

사용빈도
약 103,500,000회

What should I eat?
내가 무엇을 먹어야 하지?

사용빈도
약 1,848,000회

What should I buy?
내가 무엇을 사야 하지?

사용빈도
약 9,381,000회

What should I wear?
내가 무엇을 입어야 하지?

사용빈도
약 4,111,000회

이런 말도 할 수 있어요.

What should I ⟮　　　　　　　⟯?

↳ **say** 말하다
study 공부하다

Step 2

이번에는 우리말만 보고 **What should I** 패턴으로 문장 말해보기

| 내가 무엇을 해야 하지? | 🎤 **What should I** do? |

| 내가 무엇을 먹어야 하지? | 🎤 |

| 내가 무엇을 사야 하지? | 🎤 |

| 내가 무엇을 입어야 하지? | 🎤 |

| 내가 무엇을 말해야 하지? | 🎤 |

Step 3

What should I 패턴이 들어간 실제 대화 따라 하며 말해보기

🎬 <P.S. 아이 러브 유>에서

내가 무엇을 해야 하는지 물을 때

Holly
I don't want to go back.
나 다시 돌아가고 싶지 않아.

What should I do?
내가 무엇을 해야 하지?

Gerry
Stay with me.
나와 함께 있어.

어떤 일을 하는 또 다른 누군가가 있는지 물을 때 쓰는 만능 패턴

Who else ~?
또 누가 ~해?

어떤 일을 하거나 할 수 있는 또 다른 누군가가 있는지 물을 때 쓰는 패턴이에요. else는 '또 다른'이라는 의미예요. Who else 패턴 뒤에 누가 또 하는지 궁금한 일을 넣어 말해보세요.

 Step 1
Who else 패턴으로 미국인이 많이 쓰는 TOP 4 문장 따라 하며 말해보기

Q **Who else** is ready?
또 누가 준비됐어?

사용빈도
약 506,000회

Q **Who else** can go?
또 누가 갈 수 있어?

사용빈도
약 172,800회

Q **Who else** is there?
또 누가 그곳에 있어?

사용빈도
약 1,106,500회

Q **Who else** is coming?
또 누가 오고 있어?

사용빈도
약 852,700회

😊 이런 말도 할 수 있어요.

Who else [   ]?

→ **knows** 알다
wants this 이것을 원하다

Step 2
이번에는 우리말만 보고 **Who else** 패턴으로 문장 말해보기

또 누가 준비됐어?　　　　🎤 **Who else** is ready?

또 누가 갈 수 있어?　　　　🎤

또 누가 그곳에 있어?　　　　🎤

또 누가 오고 있어?　　　　🎤

또 누가 알아?　　　　🎤

Step 3
Who else 패턴이 들어간 실제 대화 따라 하며 말해보기

💬 먼저 도착한 사람에게
오고 있는 또 다른 누군가가 있는지 물을 때

Kevin
Who else is coming?
또 누가 오고 있어?

Jenny
My friends are coming.
내 친구들이 오고 있어.

They'll arrive soon.
그들은 곧 도착할 거야.

Day 79

어떤 일을 하고 싶은 사람이 있는지 물을 때 쓰는 만능 패턴

Who wants to ~?

누구 ~하고 싶은 사람?

어떤 일을 하고 싶은 사람이 있는지 물을 때 쓰는 패턴이에요. who wants to를 그대로 해석하면 "누구 ~하고 싶어?"라는 뜻으로, "~하고 싶은 사람 있어?"라는 의미가 돼요. Who wants to 패턴 뒤에 하고 싶은 사람이 있는지 궁금한 일을 넣어 말해보세요.

무료 강의 및
MP3 바로 듣기

 Step 1
Who wants to 패턴으로 미국인이 많이 쓰는 TOP 4 문장 따라 하며 말해보기

🔍 **Who wants to join?**
누구 함께 하고 싶은 사람?

사용빈도
약 19,801,000회

🔍 **Who wants to know?**
누구 알고 싶은 사람?

사용빈도
약 69,240,000회

🔍 **Who wants to go out?**
누구 외출하고 싶은 사람?

사용빈도
약 21,353,000회

🔍 **Who wants to go to the movies?**
누구 영화 보러 가고 싶은 사람?

사용빈도
약 1,392,200회

💬 이런 말도 할 수 있어요.

Who wants to [＿＿＿＿＿＿＿＿＿] **?**

↳ **eat this** 이것을 먹다
go to the park 공원에 가다

join [조인] 함께 하다　go out 외출하다

Step 2
이번에는 우리말만 보고 **Who wants to** 패턴으로 문장 말해보기

누구 함께 하고 싶은 사람?   🎤 **Who wants to** join?

누구 알고 싶은 사람?   🎤

누구 외출하고 싶은 사람?   🎤

누구 영화 보러 가고 싶은 사람?   🎤

누구 이것을 먹고 싶은 사람?   🎤

Step 3
Who wants to 패턴이 들어간 실제 대화 따라 하며 말해보기

💬 지금 함께 있는 사람들에게
영화 보러 가고 싶은 사람이 있는지 물을 때

Kevin   **Who wants to** go to the movies?
누구 영화 보러 가고 싶은 사람?

I have two tickets.
나 티켓이 두 장 있어.

Jenny   I want to go.
나 가고 싶어.

How 패턴

Day 80

특정 대상에 대한 의견을 물을 때 쓰는 만능 패턴

How about ~? ~는 어때?

Day 81

무언가가 얼마인지 물을 때 쓰는 만능 패턴

How much is ~? ~은 얼마야?

Day 82

과거의 특정 대상에 대한 의견이나 소감을 물을 때 쓰는 만능 패턴

How was ~? ~는 어땠어?

Day 83

어떻게 어떤 일을 할 수 있는지 물을 때 쓰는 만능 패턴

How can you ~? 어떻게 ~할 수 있어?

Day 84

무언가를 어떻게 아는지 물을 때 쓰는 만능 패턴

How do you know ~? ~를 어떻게 알아?

Day 85

얼마나 자주 어떤 일을 하는지 물을 때 쓰는 만능 패턴

How often do you ~? 얼마나 자주 ~해?

특정 대상에 대한 의견을 물을 때 쓰는 만능 패턴

How about ~?

~는 어때?

특정 대상에 대한 상대의 의견을 물을 때 쓰는 패턴이에요. 상대에게 무언가를 제안할 때도 쓸 수 있어요. How about 패턴 뒤에 상대의 의견이 궁금한 특정 대상을 넣어 말해보세요.

무료 강의 및
MP3 바로 듣기

Step 1
How about 패턴으로 미국인이 많이 쓰는 TOP 4 문장 따라 하며 말해보기

🔍 **How about** that?
그것은 어때?

사용빈도
약 24,350,000회 ↖

🔍 **How about** there?
거기는 어때?

사용빈도
약 470,200회 ↖

🔍 **How about** today?
오늘은 어때?

사용빈도
약 447,600회 ↖

🔍 **How about** a break?
휴식하는 것은 어때?

사용빈도
약 6,026,000회 ↖

💬 이런 말도 할 수 있어요.

How about [　　　　　　　]?

↳ **next week** 다음 주
a cup of coffee 커피 한 잔

break [브뤠이크] 휴식

Step 2

이번에는 우리말만 보고 **How about** 패턴으로 문장 말해보기

| 그것은 어때? | 🎤 **How about** that? |

| 거기는 어때? | 🎤 |

| 오늘은 어때? | 🎤 |

| 휴식하는 것은 어때? | 🎤 |

| 다음 주는 어때? | 🎤 |

Step 3

How about 패턴이 들어간 실제 대화 따라 하며 말해보기

> 💬 언제 만나고 싶은지 묻는 사람에게
> **오늘은 어떤지 의견을 물을 때**
>
> Jenny   When do you want to meet?
>   언제 만나고 싶어?
>
> Kevin   **How about** today?
>   오늘은 어때?
>
>   I'm free in the afternoon.
>   나 오후에 한가해.

무언가가 얼마인지 물을 때 쓰는 만능 패턴
How much is ~?
~은 얼마야?

무언가의 가격이나 비용이 얼마인지 물을 때 쓰는 패턴이에요. How much is 패턴 뒤에 가격이나 비용이 얼마인지 궁금한 대상을 넣어 말해보세요.

무료 강의 및
MP3 바로 듣기

Step 1
How much is 패턴으로 미국인이 많이 쓰는 TOP 4 문장 따라 하며 말해보기

Q **How much is** it?
그것은 얼마야?

사용빈도
약 32,000,000회

Q **How much is** the bill?
청구 금액은 얼마야?

사용빈도
약 3,703,100회

Q **How much is** the fee?
요금은 얼마야?

사용빈도
약 522,900회

Q **How much is** the rent?
대여료는 얼마야?

사용빈도
약 529,600회

😊 이런 말도 할 수 있어요.

How much is [＿＿＿＿＿＿＿＿] ?
↳ **this coat** 이 코트
the ticket 그 티켓

bill [빌] 청구 금액, 계산서 fee [퓌] 요금 rent [뤤트] 대여료

Step 2
이번에는 우리말만 보고 **How much is** 패턴으로 문장 말해보기

| 그것은 얼마야? | 🎤 **How much is** it? |

| 청구 금액은 얼마야? | 🎤 |

| 요금은 얼마야? | 🎤 |

| 대여료는 얼마야? | 🎤 |

| 이 코트는 얼마야? | 🎤 |

Step 3
How much is 패턴이 들어간 실제 대화 따라 하며 말해보기

💬 물건을 사라고 권하는 사람에게
그것의 가격은 얼마인지 물을 때

Jenny   You should buy that camera.
넌 그 카메라를 사야 해.

It's on sale.
그것은 할인 중이야.

Kevin   **How much is** it?
그것은 얼마야?

과거의 특정 대상에 대한 의견이나 소감을 물을 때 쓰는 만능 패턴

How was ~?
~는 어땠어?

과거의 상황이나 사건 등이 어땠는지 상대의 의견이나 소감을 물을 때 쓰는 패턴이에요. How was 패턴 뒤에 상대의 의견이나 소감이 궁금한 과거의 상황이나 사건을 넣어 말해보세요.

무료 강의 및
MP3 바로 듣기

Step 1
How was 패턴으로 미국인이 많이 쓰는 TOP 4 문장 따라 하며 말해보기

🔍 **How was** your day?
너의 하루는 어땠어?

사용빈도
약 4,534,000회

🔍 **How was** the movie?
그 영화는 어땠어?

사용빈도
약 2,420,000회

🔍 **How was** that meeting?
그 회의는 어땠어?

사용빈도
약 545,330회

🔍 **How was** your weekend?
너의 주말은 어땠어?

사용빈도
약 726,100회

💬 이런 말도 할 수 있어요.

How was [   ] ?
→ the trip 그 여행
the food 그 음식

meeting [미팅] 회의   trip [트립] 여행

Step 2
이번에는 우리말만 보고 **How was** 패턴으로 문장 말해보기

| 너의 하루는 어땠어? | 🎤 **How was** your day? |

| 그 영화는 어땠어? | 🎤 |

| 그 회의는 어땠어? | 🎤 |

| 너의 주말은 어땠어? | 🎤 |

| 그 여행은 어땠어? | 🎤 |

Step 3
How was 패턴이 들어간 실제 대화 따라 하며 말해보기

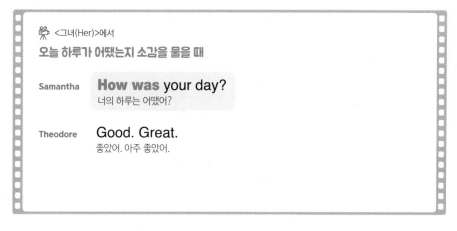

🎥 <그녀(Her)>에서
오늘 하루가 어땠는지 소감을 물을 때

Samantha **How was** your day?
너의 하루는 어땠어?

Theodore Good. Great.
좋았어. 아주 좋았어.

어떻게 어떤 일을 할 수 있는지 물을 때 쓰는 만능 패턴

How can you ~?

어떻게 ~할 수 있어?

어떻게 어떤 일을 할 수 있는지 상대에게 물을 때 쓰는 패턴이에요. 어떤 일을 했다는 사실에 대한 놀라움이나 비난의 의도를 나타낼 때도 쓸 수 있어요. How can you 패턴 뒤에 어떻게 할 수 있는지 궁금한 일을 넣어 말해보세요.

무료 강의 및
MP3 바로 듣기

Step 1
How can you 패턴으로 미국인이 많이 쓰는 TOP 4 문장 따라 하며 말해보기

Q **How can you** do that?
어떻게 그것을 할 수 있어?

그 일을 어떻게 할 수 있었는지 물을 때나, 그 일을 한 것에 대한 놀라움 또는 비난을 나타낼 때 써요.

사용빈도
약 24,000,000회

Q **How can you** be sure?
어떻게 확신할 수 있어?

사용빈도
약 7,077,000회

Q **How can you** help me?
어떻게 나를 도와줄 수 있어?

사용빈도
약 16,998,000회

Q **How can you** know that?
어떻게 그것을 알 수 있어?

사용빈도
약 44,430,000회

💬 이런 말도 할 수 있어요.

How can you [＿＿＿＿＿＿＿＿]?

↳ **afford it** 그것을 감당하다
get up so early 그렇게 일찍 일어나다

---

sure [슈어] 확신하는 afford [어포드] 감당할 수 있다, 여유가 있다 get up 일어나다 so early 그렇게 일찍

Step 2
이번에는 우리말만 보고 **How can you** 패턴으로 문장 말해보기

| 어떻게 그것을 할 수 있어? | 🎤 **How can you** do that? |

| 어떻게 확신할 수 있어? | 🎤 |

| 어떻게 나를 도와줄 수 있어? | 🎤 |

| 어떻게 그것을 알 수 있어? | 🎤 |

| 어떻게 그것을 감당할 수 있어? | 🎤 |

Step 3
How can you 패턴이 들어간 실제 대화 따라 하며 말해보기

💬 이 길로 가야 한다고 확신하는 사람에게
어떻게 확신할 수 있는지 물을 때

Kevin
We should go this way.
우리는 이 길로 가야 해.

I'm certain.
난 확신해.

Jenny
How can you be sure?
어떻게 확신할 수 있어?

무언가를 어떻게 아는지 물을 때 쓰는 만능 패턴

How do you know ~?

~를 어떻게 알아?

상대가 무언가를 어떻게 알고 있는지, 그 경로나 방법을 물을 때 쓰는 패턴이에요. 상대가 무언가를 알고 있다는 사실에 대해 놀라움을 표현할 때도 쓸 수 있어요. How do you know 패턴 뒤에 상대가 어떻게 아는지 궁금한 대상을 넣어 말해보세요.

무료 강의 및
MP3 바로 듣기

Step 1
How do you know 패턴으로 미국인이 많이 쓰는 TOP 4 문장 따라 하며 말해보기

🔍 **How do you know** me?

나를 어떻게 알아?

사용빈도
약 20,115,000회

> 상대가 나를 알게 된 경로를 물을 때나, 나를 안다는 사실에 대한 놀라움을 표현할 때 써요.

🔍 **How do you know** that?

그것을 어떻게 알아?

사용빈도
약 113,100,000회

🔍 **How do you know** this place?

이 장소를 어떻게 알아?

사용빈도
약 2,838,000회

🔍 **How do you know** each other?

서로를 어떻게 알아?

사용빈도
약 3,233,000회

💬 이런 말도 할 수 있어요.

How do you know [ ] ?

→ **he's lying** 그가 거짓말하고 있다
my birthday 내 생일

---

place [플레이스] 장소 each other 서로

Step 2
이번에는 우리말만 보고 **How do you know** 패턴으로 문장 말해보기

| 나를 어떻게 알아? | 🎤 **How do you know** me? |

| 그것을 어떻게 알아? | 🎤 |

| 이 장소를 어떻게 알아? | 🎤 |

| 서로를 어떻게 알아? | 🎤 |

| 그가 거짓말하고 있는지를 어떻게 알아? | 🎤 |

Step 3
How do you know 패턴이 들어간 실제 대화 따라 하며 말해보기

🎬 <인셉션>에서
그것을 어떻게 아는지 물을 때

Ariadne   She is not real.
그녀는 진짜가 아니야.

Cobb   **How do you know** that?
그것을 어떻게 알아?

Day 84   해커스톡 왕초보 영어회화 10분의 기적 기초패턴으로 말하기

얼마나 자주 어떤 일을 하는지 물을 때 쓰는 만능 패턴

How often do you ~?

얼마나 자주 ~해?

상대가 얼마나 자주 어떤 일을 하는지 빈도를 물을 때 쓰는 패턴이에요. how often은 '얼마나 자주'라는 의미예요. How often do you 패턴 뒤에 상대가 얼마나 자주 하는지 궁금한 일을 넣어 말해보세요.

무료 강의 및
MP3 바로 듣기

Step 1
How often do you 패턴으로 미국인이 많이 쓰는 TOP 4 문장 따라 하며 말해보기

Q **How often do you** get sick?
얼마나 자주 아파?

사용빈도
약 778,444회

Q **How often do you** see them?
얼마나 자주 그들을 봐?

사용빈도
약 304,778회

Q **How often do you** see a doctor?
얼마나 자주 병원에 가?

사용빈도
약 807,444회

Q **How often do you** go to the theater?
얼마나 자주 영화관에 가?

사용빈도
약 332,111회

😊 이런 말도 할 수 있어요.

How often do you [   ]?

→ **travel** 여행하다
work out 운동하다

---

get sick 아프다, 병에 걸리다   theater [씨어터] 영화관, 극장   work out 운동하다

Step 2
이번에는 우리말만 보고 **How often do you** 패턴으로 문장 말해보기

얼마나 자주 아파?   🎤 **How often do you** get sick?

얼마나 자주 그들을 봐?   🎤

얼마나 자주 병원에 가?   🎤

얼마나 자주 영화관에 가?   🎤

얼마나 자주 여행해?   🎤

Step 3
How often do you 패턴이 들어간 실제 대화 따라 하며 말해보기

🎬 <식스 센스>에서
얼마나 자주 유령을 보는지 물을 때

Malcolm   **How often do you** see ghosts?
얼마나 자주 유령을 봐?

Cole   All the time.
항상이요.

(세로 텍스트) Day 85 해커스톡 왕초보 영어회화 10분의 기적 기초패턴으로 말하기

Where / Why 패턴

특정한 대상의 위치를 물을 때 쓰는 만능 패턴

Where is ~?

~은 어디 있어?

사람, 물건, 장소 등이 어디 있는지 위치를 물을 때 쓰는 패턴이에요. 무언가가 어디 있는지 궁금할 때 주로 써요. Where is 패턴 뒤에 위치가 궁금한 사람, 물건, 장소 등을 넣어 말해보세요.

무료 강의 및
MP3 바로 듣기

Step 1
Where is 패턴으로 미국인이 많이 쓰는 TOP 4 문장 따라 하며 말해보기

Q **Where is** he?
그는 어디 있어?

사용빈도
약 16,100,000회

Q **Where is** the remote?
리모컨은 어디 있어?

사용빈도
약 1,741,000회

Q **Where is** the building?
건물은 어디 있어?

사용빈도
약 21,881,000회

Q **Where is** the bus stop?
버스 정류장은 어디 있어?

사용빈도
약 5,403,800회

💬 이런 말도 할 수 있어요.

Where is [   ]?
→ **my phone** 내 전화기
the subway station 지하철역

remote [뤼모트] 리모컨 subway [써브웨이] 지하철 station [스테이션] 역

Step 2
이번에는 우리말만 보고 **Where is** 패턴으로 문장 말해보기

| 그는 어디 있어? | 🎤 **Where is** he? |

| 리모컨은 어디 있어? | 🎤 |

| 건물은 어디 있어? | 🎤 |

| 버스 정류장은 어디 있어? | 🎤 |

| 내 전화기는 어디 있어? | 🎤 |

Step 3
Where is 패턴이 들어간 실제 대화 따라 하며 말해보기

💬 에어컨을 켜달라는 사람에게
리모컨이 있는 위치를 물을 때

Jenny
Can you turn on the air conditioner?
에어컨 좀 켜줄 수 있어?

Kevin
OK.
알았어.

Where is the remote?
리모컨은 어디 있어?

상대가 어떤 일을 하는 장소를 물을 때 쓰는 만능 패턴

Where do you ~?

너 어디에(서) ~해?

상대가 어떤 일을 하는 장소가 어디인지 물을 때 쓰는 패턴이에요. Where do you 패턴 뒤에 상대가 어디서 하는지 궁금한 일을 넣어 말해보세요.

무료 강의 및
MP3 바로 듣기

Step 1
Where do you 패턴으로 미국인이 많이 쓰는 TOP 4 문장 따라 하며 말해보기

Q **Where do you** live?
너 어디에 살아?

사용빈도
약 16,200,000회

Q **Where do you** work?
너 어디에서 일해?

사용빈도
약 6,904,000회

Q **Where do you** want to go?
너 어디에 가고 싶어?

사용빈도
약 33,660,000회

Q **Where do you** want to eat?
너 어디에서 먹고 싶어?

사용빈도
약 18,257,916회

💬 이런 말도 할 수 있어요.

Where do you ⬜⬜⬜⬜⬜ ?

↳ **stay** 머무르다
get that stuff 그 물건을 받다

stuff [스터프] 물건

Step 2
이번에는 우리말만 보고 **Where do you** 패턴으로 문장 말해보기

| 너 어디에 살아? | 🎤 **Where do you** live? |

| 너 어디에서 일해? | 🎤 |

| 너 어디에 가고 싶어? | 🎤 |

| 너 어디에서 먹고 싶어? | 🎤 |

| 너 어디에 머물러? | 🎤 |

Step 3
Where do you 패턴이 들어간 실제 대화 따라 하며 말해보기

🎬 <오피스 4>에서
가고 싶은 장소를 물을 때

Ryan
Where do you want to go?
너 어디에 가고 싶어?

Kelly
Some place romantic.
로맨틱한 어떤 곳.

어떤 일을 내가 해야 하는 이유를 물을 때 쓰는 만능 패턴

Why should I ~?

내가 왜 ~해야 해?

내가 어떤 일을 해야 하는 이유를 물을 때 쓰는 패턴이에요. 요구 받은 일이 하기 싫은 일이거나, 할 필요를 느끼지 못할 때 주로 써요. Why should I 패턴 뒤에 해야 하는 이유를 물어볼 일을 넣어 말해보세요.

무료 강의 및
MP3 바로 듣기

Step 1
Why should I 패턴으로 미국인이 많이 쓰는 TOP 4 문장 따라 하며 말해보기

Q **Why should I care?**
내가 왜 신경 써야 해?

> 내가 신경 써야 하는 이유를 묻는 말로,
> 굳이 신경 쓰고 싶지 않은 일일 때 써요.

사용빈도
약 4,603,000회

Q **Why should I worry?**
내가 왜 걱정해야 해?

사용빈도
약 340,500회

Q **Why should I do that?**
내가 왜 그렇게 해야 해?

사용빈도
약 5,055,000회

Q **Why should I believe that?**
내가 왜 그것을 믿어야 해?

사용빈도
약 6,537,000회

💬 이런 말도 할 수 있어요.

Why should I [＿＿＿＿＿＿＿] ?

↳ **go there** 그곳에 가다
apologize 사과하다

---

care [캐어] 신경 쓰다 worry [워뤼] 걱정하다 believe [빌리브] 믿다 apologize [어팔러자이즈] 사과하다

Step 2
이번에는 우리말만 보고 **Why should I** 패턴으로 문장 말해보기

| 내가 왜 신경 써야 해? | 🎙 **Why should I** care? |

| 내가 왜 걱정해야 해? | 🎙 |

| 내가 왜 그렇게 해야 해? | 🎙 |

| 내가 왜 그것을 믿어야 해? | 🎙 |

| 내가 왜 그곳에 가야 해? | 🎙 |

Step 3
Why should I 패턴이 들어간 실제 대화 따라 하며 말해보기

🎬 <해리 포터와 죽음의 성물>에서
내가 그렇게 해야 하는 이유를 물을 때

Goblin
Can you give me your wand?
당신의 지팡이를 제게 줄 수 있어요?

Bellatrix
Why should I do that?
제가 왜 그렇게 해야 하죠?

어떤 일을 하는 것을 제안할 때 쓰는 만능 패턴

Why don't you ~?

~해 보는 게 어때?

상대에게 어떤 일을 하는 것을 제안할 때 쓰는 패턴이에요. why don't you 를 그대로 해석하면 "너 왜 ~하지 않니?"라는 뜻이지만, 실제로는 "~해 보는 게 어때?"라고 가볍게 제안하는 말이 돼요. Why don't you 패턴 뒤에 상대 에게 제안하고 싶은 일을 넣어 말해보세요.

무료 강의 및
MP3 바로 듣기

Step 1
Why don't you 패턴으로 미국인이 많이 쓰는 TOP 4 문장 따라 하며 말해보기

Q **Why don't you** try this?
이것을 시도해 보는 게 어때?

사용빈도
약 587,300회 ↖

Q **Why don't you** talk to her?
그녀에게 얘기해 보는 게 어때?

사용빈도
약 450,200회 ↖

Q **Why don't you** take a break?
휴식을 취해 보는 게 어때?

> 지쳐 보이는 상대에게 일정 기간
> 쉬는 것을 제안할 때 써요.

사용빈도
약 494,300회 ↖

Q **Why don't you** tell the truth?
사실을 말해 보는 게 어때?

사용빈도
약 3,049,000회 ↖

💬 이런 말도 할 수 있어요.

Why don't you [＿＿＿＿＿＿＿＿] ?

↳ **see a doctor** 병원에 가다
call him back 그에게 다시 전화하다

---

take a break 휴식을 취하다, 쉬다   truth [트루쓰] 사실   see a doctor 병원에 가다

Step 2
이번에는 우리말만 보고 **Why don't you** 패턴으로 문장 말해보기

이것을 시도해 보는 게 어때? 🎤	**Why don't you** try this?

그녀에게 얘기해 보는 게 어때? 🎤

휴식을 취해 보는 게 어때? 🎤

사실을 말해 보는 게 어때? 🎤

병원에 가 보는 게 어때? 🎤

Step 3
Why don't you 패턴이 들어간 실제 대화 따라 하며 말해보기

💬 여동생의 우산을 잃어버린 사람에게
그녀에게 얘기하는 것을 제안할 때

Jenny　I lost my sister's umbrella.
나 내 여동생의 우산을 잃어버렸어.

Kevin　**Why don't you** talk to her?
그녀에게 얘기해 보는 게 어때?

She'll understand.
그녀는 이해해 줄 거야.

어떤 일을 하지 않았던 이유를 물을 때 쓰는 만능 패턴

Why didn't you ~?

왜 ~ 안 했어?

과거에 상대가 어떤 일을 하지 않았던 이유를 물을 때 쓰는 패턴이에요. 상대가 어떤 일을 하지 않은 것에 대해 비난하는 의도로도 쓸 수 있어요. Why didn't you 패턴 뒤에 상대가 하지 않은 이유가 궁금한 일을 넣어 말해보세요.

무료 강의 및
MP3 바로 듣기

 Step 1
Why didn't you 패턴으로 미국인이 많이 쓰는 TOP 4 문장 따라 하며 말해보기

Q **Why didn't you** go?
왜 안 갔어?

사용빈도
약 5,565,000회

Q **Why didn't you** come?
왜 안 왔어?

사용빈도
약 4,372,000회

Q **Why didn't you** tell me?
왜 나한테 말 안 했어?

사용빈도
약 2,909,000회

Q **Why didn't you** do that?
왜 그거 안 했어?

사용빈도
약 3,687,000회

이런 말도 할 수 있어요.

Why didn't you [   ] ?

→ **go out** 외출하다
take a taxi 택시를 타다

take a taxi 택시를 타다

Step 2
이번에는 우리말만 보고 **Why didn't you** 패턴으로 문장 말해보기

| 왜 안 갔어? | 🎤 **Why didn't you** go? |

| 왜 안 왔어? | 🎤 |

| 왜 나한테 말 안 했어? | 🎤 |

| 왜 그거 안 했어? | 🎤 |

| 왜 외출 안 했어? | 🎤 |

Step 3
Why didn't you 패턴이 들어간 실제 대화 따라 하며 말해보기

🎬 <어메이징 스파이더맨 2>에서
내게 말하지 않았던 이유를 물을 때

May
I'm moving to a new house.
나 새집으로 이사가.

Peter
Why didn't you tell me?
왜 나한테 말 안 했어요?

상대가 현재 감정이나 상태인 이유를 물을 때 쓰는 만능 패턴

Why are you so ~?
너 왜 그렇게 ~인 거야?

상대가 현재 어떤 상태이거나 감정을 느끼는 이유를 물을 때 쓰는 패턴이에요.
이때 so는 '그렇게, 매우'라는 뜻으로 현재 상대의 기분이나 상태가 매우 강하
다는 것을 나타내요. Why are you so 패턴 뒤에 이유가 궁금한 상대의 현재
감정이나 상태를 넣어 말해보세요.

무료 강의 및
MP3 바로 듣기

Step 1
Why are you so 패턴으로 미국인이 많이 쓰는 TOP 4 문장 따라 하며 말해보기

Q **Why are you so sad?**
너 왜 그렇게 슬픈 거야?

> 상대가 매우 슬퍼 보여서
> 그 이유를 물을 때 써요.

사용빈도
약 5,481,000회

Q **Why are you so tired?**
너 왜 그렇게 피곤한 거야?

사용빈도
약 716,500회

Q **Why are you so happy?**
너 왜 그렇게 행복한 거야?

사용빈도
약 6,343,000회

Q **Why are you so excited?**
너 왜 그렇게 신이 난 거야?

사용빈도
약 1,772,000회

💬 이런 말도 할 수 있어요.

Why are you so ⬜⬜⬜⬜⬜ ?

↳ **serious** 심각한
nervous 긴장한

---

excited [익싸이티드] 신이 난, 흥분한 serious [씨뤼어스] 심각한 nervous [널붜스] 긴장한

Step 2

이번에는 우리말만 보고 **Why are you so** 패턴으로 문장 말해보기

| 너 왜 그렇게 슬픈 거야? | 🎤 **Why are you so** sad? |

| 너 왜 그렇게 피곤한 거야? | 🎤 |

| 너 왜 그렇게 행복한 거야? | 🎤 |

| 너 왜 그렇게 신이 난 거야? | 🎤 |

| 너 왜 그렇게 심각한 거야? | 🎤 |

Step 3

Why are you so 패턴이 들어간 실제 대화 따라 하며 말해보기

🎬 <심슨 가족>에서

상대가 현재 행복한 이유를 물을 때

Moe
Why are you so happy?
너 왜 그렇게 행복한 거야?

You didn't win money.
너 돈을 따지 못했잖아.

Homer
Money comes and goes.
돈은 왔다 갔다 하는 거지.

표현이 더 풍부해지는 추가 패턴

Day 92
지금 어떤 느낌이 든다고 말할 때 쓰는 만능 패턴
I feel ~ ~인 느낌이 들어

Day 93
부담 없이 어떤 일을 하라고 말할 때 쓰는 만능 패턴
Feel free to ~ 부담 갖지 말고 ~해

Day 94
상대가 어떠해 보인다고 말할 때 쓰는 만능 패턴
You look ~ 너 ~해 보여

Day 95
어떤 일을 하거나 어떤 장소에 함께 가자고 제안할 때 쓰는 만능 패턴
Let's go ~ 우리 ~에/하러 가자

Day 96
어떤 일을 하지 말자고 제안할 때 쓰는 만능 패턴
Let's not ~ 우리 ~하지 말자

Day 97
어떤 일을 할 수 있었다고 말할 때 쓰는 만능 패턴
I was able to ~ 나 ~할 수 있었어

Day 98
어떤 것을 맡겠다고 말할 때 쓰는 만능 패턴
I'll take care of ~ 내가 ~을 맡을게

Day 99
무언가에 대해 고맙다고 말할 때 쓰는 만능 패턴
Thank you for ~ ~해줘서 고마워

Day 100
나를 어떻게 만들지 말라고 말할 때 쓰는 만능 패턴
Don't make me ~ 날 ~하게 만들지 마

Day 92

지금 어떤 느낌이 든다고 말할 때 쓰는 만능 패턴

I feel ~

~인 느낌이 들어

지금 내가 느끼는 기분이나 내 상태에 대해 말할 때 쓰는 패턴이에요. feel은 '~인 느낌이 들다'라는 의미예요. I feel 패턴 뒤에 지금 내가 느끼는 기분이나 내 상태를 넣어 말해보세요.

무료 강의 및
MP3 바로 듣기

Step 1
I feel 패턴으로 미국인이 많이 쓰는 TOP 4 문장 따라 하며 말해보기

Q **I feel** good.
좋은 느낌이 들어.

사용빈도
약 50,800,000회

Q **I feel** better.
더 나은 느낌이 들어.

> 전에 건강이나 기분이 안 좋았다가 이제는 나아졌다는 뜻으로 말할 때 써요.

사용빈도
약 58,360,000회

Q **I feel** sorry for her.
그녀가 안쓰러운 느낌이 들어.

사용빈도
약 6,122,000회

Q **I feel** bad about it.
그것에 대해 나쁜 느낌이 들어.

사용빈도
약 5,748,000회

💬 이런 말도 할 수 있어요.

I feel ⬚ .
→ **lonely** 외로운
so tired 너무 피곤한

---

better [베러] 더 나은 sorry [쏘뤼] 안쓰러운, 미안한 lonely [론리] 외로운 so [쏘] 너무 tired [타이어드] 피곤한

Step 2
이번에는 우리말만 보고 **I feel** 패턴으로 문장 말해보기

| 좋은 느낌이 들어. | 🎤 **I feel** good. |

| 더 나은 느낌이 들어. | 🎤 |

| 그녀가 안쓰러운 느낌이 들어. | 🎤 |

| 그것에 대해 나쁜 느낌이 들어. | 🎤 |

| 외로운 느낌이 들어. | 🎤 |

Day 92

해커스톡 왕초보 영어회화 10분의 기적 기초패턴으로 말하기

Step 3
I feel 패턴이 들어간 실제 대화 따라 하며 말해보기

🎥 <달라스 바이어스 클럽>에서

지금 더 나은 느낌이 든다고 말할 때

Rayon   **I feel** better.
더 나은 느낌이 들어요.

Ron   Good for you.
잘됐네요.

부담 없이 어떤 일을 하라고 말할 때 쓰는 만능 패턴

Feel free to ~

부담 갖지 말고 ~해

어떤 일을 부담 없이 편하게 하라고 상대에게 말할 때 쓰는 패턴이에요. 상대에게 호의를 베풀거나, 상대가 어떤 일을 하도록 장려할 때 주로 써요. Feel free to 패턴 뒤에 상대가 부담 없이 했으면 하는 일을 넣어 말해보세요.

무료 강의 및
MP3 바로 듣기

Step 1
Feel free to 패턴으로 미국인이 많이 쓰는 TOP 4 문장 따라 하며 말해보기

Q **Feel free to ask.**
부담 갖지 말고 물어봐.

사용빈도
약 86,400,000회

Q **Feel free to come.**
부담 갖지 말고 와.

사용빈도
약 69,090,000회

Q **Feel free to join us.**
부담 갖지 말고 우리와 함께해.

사용빈도
약 11,683,000회

Q **Feel free to contact me.**
부담 갖지 말고 나에게 연락해.

사용빈도
약 36,790,000회

💬 이런 말도 할 수 있어요.

Feel free to [   ].

→ **talk to me** 나에게 얘기하다
   make a suggestion 제안하다

ask [애스크] 물어보다   contact [컨택트] 연락하다   make a suggestion 제안하다

Step 2

이번에는 우리말만 보고 **Feel free to** 패턴으로 문장 말해보기

부담 갖지 말고 물어봐.	🎙 **Feel free to** ask.

부담 갖지 말고 와.	🎙

부담 갖지 말고 우리와 함께해.	🎙

부담 갖지 말고 나에게 연락해.	🎙

부담 갖지 말고 나에게 얘기해.	🎙

Step 3

Feel free to 패턴이 들어간 실제 대화 따라 하며 말해보기

💬 같이 가고 싶어 하는 사람에게
부담 없이 함께하라고 말할 때

Jenny   **Can I go to the baseball game with you?**
나 너희들과 같이 야구 경기장에 가도 될까?

Kevin   **Of course.**
당연하지.

Feel free to join us.
부담 갖지 말고 우리와 함께해.

상대가 어떠해 보인다고 말할 때 쓰는 만능 패턴

You look ~

너 ~해 보여

상대의 상태나 기분이 어떠해 보인다는 내 의견을 말할 때 쓰는 패턴이에요. 이때 look은 '~해 보이다'라는 의미예요. You look 패턴 뒤에 상대의 상태를 넣어 말해보세요.

무료 강의 및
MP3 바로 듣기

 Step 1
You look 패턴으로 미국인이 많이 쓰는 TOP 4 문장 따라 하며 말해보기

Q **You look** tired.
너 피곤해 보여.

사용빈도
약 1,085,400회

Q **You look** good.
너 좋아 보여.

사용빈도
약 28,110,000회

Q **You look** beautiful.
너 아름다워 보여.

사용빈도
약 10,321,000회

Q **You look** different.
너 달라 보여.

사용빈도
약 3,818,000회

💬 이런 말도 할 수 있어요.

You look [   ].
→ **angry** 화난
happy 행복한

different [디퍼뤈트] 다른

Step 2

이번에는 우리말만 보고 **You look** 패턴으로 문장 말해보기

| 너 피곤해 보여. | 🎤 **You look** tired. |

| 너 좋아 보여. | 🎤 |

| 너 아름다워 보여. | 🎤 |

| 너 달라 보여. | 🎤 |

| 너 화나 보여. | 🎤 |

Step 3

You look 패턴이 들어간 실제 대화 따라 하며 말해보기

🎬 <어메이징 스파이더맨 2>에서

달라 보인다고 말할 때

Mary
You look different.
너 달라 보여.

Peter
I bought new shoes and pants.
나 새로운 구두와 바지를 샀어.

어떤 일을 하거나 어떤 장소에 함께 가자고 제안할 때 쓰는 만능 패턴

Let's go ~

우리 ~에/하러 가자

어떤 일을 함께 하러 가거나, 어떤 장소에 함께 가자고 제안할 때 쓰는 패턴이에요. let's는 let us의 줄임말로 '우리 ~하자'라는 의미예요. Let's go 패턴 뒤에 함께 하자고 제안할 일이나, 가자고 할 장소를 넣어 말해보세요.

무료 강의 및
MP3 바로 듣기

 Step 1
Let's go 패턴으로 미국인이 많이 쓰는 TOP 4 문장 따라 하며 말해보기

🔍 **Let's go for lunch.**
우리 점심 먹으러 가자.

사용빈도
약 527,518회

🔍 **Let's go for a walk.**
우리 산책하러 가자.

사용빈도
약 1,393,000회

🔍 **Let's go to the park.**
우리 공원에 가자.

사용빈도
약 4,556,000회

🔍 **Let's go to the movies.**
우리 영화 보러 가자.

사용빈도
약 4,306,000회

💬 이런 말도 할 수 있어요.

Let's go [_____].

↳ **to the mall** 쇼핑몰에
for a swim 수영하러

---

walk [워크] 산책

Step 2

이번에는 우리말만 보고 **Let's go** 패턴으로 문장 말해보기

우리 점심 먹으러 가자.   🎤   **Let's go** for lunch.

우리 산책하러 가자.   🎤

우리 공원에 가자.   🎤

우리 영화 보러 가자.   🎤

우리 쇼핑몰에 가자.   🎤

Step 3

Let's go 패턴이 들어간 실제 대화 따라 하며 말해보기

💬 오늘 무엇을 해야 할지 묻는 사람에게

공원에 함께 가자고 제안할 때

Jenny   What should we do today?
우리 오늘 무엇을 해야 할까?

Kevin   **Let's go** to the park.
우리 공원에 가자.

The weather is nice.
날씨가 좋아.

어떤 일을 하지 말자고 제안할 때 쓰는 만능 패턴

Let's not ~

우리 ~하지 말자

상대에게 어떤 일을 하지 말자고 제안할 때 쓰는 패턴이에요. let's에 not만 붙이면 '우리 ~하지 말자'라는 의미가 돼요. Let's not 패턴 뒤에 상대에게 하지 말자고 제안할 일을 넣어 말해보세요.

무료 강의 및
MP3 바로 듣기

Step 1
Let's not 패턴으로 미국인이 많이 쓰는 TOP 4 문장 따라 하며 말해보기

Q **Let's not talk.**
우리 얘기하지 말자.

사용빈도
약 891,900회

Q **Let's not worry.**
우리 걱정하지 말자.

사용빈도
약 332,600회

Q **Let's not forget.**
우리 잊어버리지 말자.

사용빈도
약 19,923,000회

Q **Let's not do this.**
우리 이거 하지 말자.

사용빈도
약 878,300회

💬 이런 말도 할 수 있어요.

Let's not [   ].

↳ **give up** 포기하다
waste time 시간 낭비하다

---

worry [워뤼] 걱정하다 **forget** [뭐겟] 잊어버리다 **give up** 포기하다 **waste** [웨이스트] 낭비하다

Step 2
이번에는 우리말만 보고 **Let's not** 패턴으로 문장 말해보기

| 우리 얘기하지 말자. | 🎤 **Let's not** talk. |

| 우리 걱정하지 말자. | 🎤 |

| 우리 잊어버리지 말자. | 🎤 |

| 우리 이거 하지 말자. | 🎤 |

| 우리 포기하지 말자. | 🎤 |

Step 3
Let's not 패턴이 들어간 실제 대화 따라 하며 말해보기

💬 회의를 걱정하는 사람에게
걱정하지 말자고 제안할 때

Jenny
Aren't you worried about the meeting?
너 그 회의에 대해 걱정되지 않아?

Kevin
Let's not worry.
우리 걱정하지 말자.

It'll be fine.
괜찮을 거야.

어떤 일을 할 수 있었다고 말할 때 쓰는 만능 패턴

I was able to ~

나 ~할 수 있었어

과거에 어떤 일을 할 수 있었다고 말할 때 쓰는 패턴이에요. able to는 '~할 수 있는'이라는 의미예요. I was able to 패턴 뒤에 과거에 할 수 있었던 일을 넣어 말해보세요.

무료 강의 및
MP3 바로 듣기

Step 1
I was able to 패턴으로 미국인이 많이 쓰는 TOP 4 문장 따라 하며 말해보기

Q **I was able to fall asleep.**
나 잠들 수 있었어.

사용빈도
약 5,293,300회

Q **I was able to get a refund.**
나 환불받을 수 있었어.

사용빈도
약 725,000회

Q **I was able to pass the exam.**
나 그 시험을 통과할 수 있었어.

사용빈도
약 902,500회

Q **I was able to complete the course.**
나 그 과정을 완료할 수 있었어.

사용빈도
약 6,628,000회

💬 이런 말도 할 수 있어요.

I was able to [   ].

→ **fix it** 그것을 고치다
do it 그것을 하다

fall asleep 잠들다   refund [류펀드] 환불   pass [패쓰] 통과하다   complete [컴플리트] 완료하다   fix [픽스] 고치다, 수리하다

Step 2

이번에는 우리말만 보고 **I was able to** 패턴으로 문장 말해보기

| 나 잠들 수 있었어. | 🎤 **I was able to** fall asleep. |

| 나 환불받을 수 있었어. | 🎤 |

| 나 그 시험을 통과할 수 있었어. | 🎤 |

| 나 그 과정을 완료할 수 있었어. | 🎤 |

| 나 그것을 고칠 수 있었어. | 🎤 |

Step 3

I was able to 패턴이 들어간 실제 대화 따라 하며 말해보기

> 💬 시험 결과를 묻는 사람에게
>
> **시험을 통과할 수 있었다고 말할 때**
>
> Jenny   How did your exam go?
> 네 시험 어떻게 됐어?
>
> I heard it was very difficult.
> 그것이 매우 어려웠다고 들었어.
>
> Kevin   Fortunately, **I was able to** pass the exam.
> 운 좋게도, 나 그 시험을 통과할 수 있었어.

어떤 것을 맡겠다고 말할 때 쓰는 만능 패턴

I'll take care of ~

내가 ~을 맡을게

내가 어떤 것을 맡아서 하겠다고 말할 때 쓰는 패턴이에요. take care of는
'~을 맡다, 돌보다'라는 의미예요. I'll take care of 패턴 뒤에 내가 책임지고
맡을 일을 넣어 말해보세요.

무료 강의 및
MP3 바로 듣기

Step 1
I'll take care of 패턴으로 미국인이 많이 쓰는 TOP 4 문장 따라 하며 말해보기

Q **I'll take care of** it.
내가 그것을 맡을게.

사용빈도
약 8,970,000회

Q **I'll take care of** the rest.
내가 나머지를 맡을게.

사용빈도
약 8,260,000회

Q **I'll take care of** your dog.
내가 너의 개를 맡을게.

사용빈도
약 1,117,213회

Q **I'll take care of** everything.
내가 모든 것을 맡을게.

사용빈도
약 753,000회

💬 이런 말도 할 수 있어요.

I'll take care of ⬚.
└→ **the details** 세부 사항
　　the guests 손님들

---

rest [뤠스트] 나머지 detail [디테일] 세부 사항 guest [게스트] 손님

Step 2
이번에는 우리말만 보고 **I'll take care of** 패턴으로 문장 말해보기

내가 그것을 맡을게.	🎤 **I'll take care of** it.

내가 나머지를 맡을게. 🎤

내가 너의 개를 맡을게. 🎤

내가 모든 것을 맡을게. 🎤

내가 세부 사항을 맡을게. 🎤

Step 3
I'll take care of 패턴이 들어간 실제 대화 따라 하며 말해보기

💬 휴가를 가는 사람에게

내가 모든 것을 맡겠다고 말할 때

Kevin
Enjoy your vacation.
너의 휴가를 즐겨.

I'll take care of everything.
내가 모든 것을 맡을게.

Jenny
Thank you so much!
너무 고마워!

무언가에 대해 고맙다고 말할 때 쓰는 만능 패턴

Thank you for ~

~해줘서 고마워

상대가 내게 베푼 호의에 대해 고맙다고 말할 때 쓰는 패턴이에요. for은 '~에 대해'라는 뜻으로 thank you 뒤에 쓰면 "~에 대해 고마워."라고 구체적으로 무언가에 대해 고맙다고 말하는 것이 돼요. Thank you for 패턴 뒤에 고마운 일을 넣어 말해보세요.

무료 강의 및
MP3 바로 듣기

Step 1
Thank you for 패턴으로 미국인이 많이 쓰는 TOP 4 문장 따라 하며 말해보기

🔍 **Thank you for** your time.
너의 시간을 내줘서 고마워.

> 나를 위해 시간을 내줄 것에 대한 고마움을 표현할 때 써요.

사용빈도
약 75,200,000회

🔍 **Thank you for** the present.
선물해줘서 고마워.

사용빈도
약 30,680,335회

🔍 **Thank you for** your support.
네가 지지해줘서 고마워.

사용빈도
약 65,580,000회

🔍 **Thank you for** your hard work.
네가 열심히 일해줘서 고마워.

사용빈도
약 17,070,000회

💬 이런 말도 할 수 있어요.

Thank you for _____ .

→ **your help** 너의 도움
your consideration 너의 배려

---

present [프레즌트] 선물 support [써포트] 지지 consideration [컨씨더뤠이션] 배려, 고려

Step 2
이번에는 우리말만 보고 **Thank you for** 패턴으로 문장 말해보기

너의 시간을 내줘서 고마워.	🎤 **Thank you for** your time.

선물해줘서 고마워. 🎤

네가 지지해줘서 고마워. 🎤

네가 열심히 일해줘서 고마워. 🎤

네가 도와줘서 고마워. 🎤

Step 3
Thank you for 패턴이 들어간 실제 대화 따라 하며 말해보기

💬 선물을 준 사람에게
선물해 준 것에 대해 고맙다고 말할 때

Kevin
Thank you for the present.
선물해줘서 고마워.

I really like it.
나는 그것이 정말 좋아.

Jenny
It's nice to hear that.
그 말을 들으니 좋다.

Day 100

나를 어떻게 만들지 말라고 말할 때 쓰는 만능 패턴

Don't make me ~

날 ~하게 만들지 마

상대에게 내가 어떤 일을 하거나 어떤 상태가 되도록 만들지 말라고 말할 때 쓰는 패턴이에요. Don't make me 패턴 뒤에 내가 하고 싶지 않은 일이나 원하지 않는 상태를 넣어 말해보세요.

무료 강의 및
MP3 바로 듣기

Step 1
Don't make me 패턴으로 미국인이 많이 쓰는 TOP 4 문장 따라 하며 말해보기

Q **Don't make me cry.**
날 울게 만들지 마.

사용빈도
약 8,460,000회

Q **Don't make me sad.**
날 슬프게 만들지 마.

사용빈도
약 4,006,000회

Q **Don't make me wait.**
날 기다리게 만들지 마.

사용빈도
약 1,238,400회

Q **Don't make me laugh.**
날 웃게 만들지 마.

사용빈도
약 13,420,000회

> 웃고 싶지 않거나 웃을 수 없는 상황에서 '나 좀 웃기지 마'라는 뜻으로 말할 때 써요.

💬 이런 말도 할 수 있어요.

Don't make me _____.

→ **angry** 화난
ask again 다시 물어보다

laugh [래프] 웃다

---

236 본 교재 무료 해설강의 HackersTalk.co.kr

Step 2
이번에는 우리말만 보고 **Don't make me** 패턴으로 문장 말해보기

| 날 울게 만들지 마. | 🎤 **Don't make me** cry. |

| 날 슬프게 만들지 마. | 🎤 |

| 날 기다리게 만들지 마. | 🎤 |

| 날 웃게 만들지 마. | 🎤 |

| 날 화나게 만들지 마. | 🎤 |

Step 3
Don't make me 패턴이 들어간 실제 대화 따라 하며 말해보기

💬 내일 만나자는 사람에게

나를 기다리게 만들지 말라고 말할 때

Kevin   Let's meet at six tomorrow.
우리 내일 여섯 시에 만나자.

Jenny   That's good.
좋아.

Don't make me wait.
날 기다리게 만들지 마.

미국인이 가장 많이 쓰는 표현으로 원어민처럼 말하기

초판 8쇄 발행	2023년 4월 17일
초판 1쇄 발행	2018년 10월 5일

지은이	해커스 어학연구소
펴낸곳	(주)해커스 어학연구소
펴낸이	해커스 어학연구소 출판팀

주소	서울특별시 서초구 강남대로61길 23 (주)해커스 어학연구소
고객센터	02-566-0001
교재 관련 문의	publishing@hackers.com
	해커스톡 사이트(HackersTalk.co.kr) 교재 Q&A 게시판
동영상강의	HackersTalk.co.kr

ISBN	978-89-6542-270-9 (13740)
Serial Number	01-08-01

왕초보영어 탈출
해커스톡

'영어회화인강' 1위, 해커스톡(HackersTalk.co.kr)
· 하루 10분씩 따라 하면 영어회화가 되는 제니 리 선생님의 교재 동영상강의
· 전문가의 1:1 스피킹 케어, 매일 영어회화 표현, 오늘의 영어 10문장 등 무료 학습 콘텐츠
· 미국인이 가장 많이 쓰는 표현을 듣고 따라 말하는 교재 예문 & 대화문 MP3 무료 다운로드

영어회화 인강 **1위**
말문이 트이는
해커스톡 학습 시스템

헤럴드 선정 2018 대학생 선호 브랜드 대상 '대학생이 선정한 영어회화 인강' 부문 1위

하루 10분 강의
언제 어디서나
부담없이 짧고 쉽게!

패턴 연상 학습법
하나의 패턴으로 단어만
바꿔서 문장 만들기

반복·응용 학습
20회 이상 반복으로 입이
저절로 기억하는 말하기

실생활 중심의
쉬운 영어
실생활에서
200% 활용 가능한
쉬운 생활영어회화